무해한 산책

일러두기

- 본 도서는 국립국어원의 표기 규정과 외래어 표기 규정을 따랐습니다.
  다만 일부 용어는 입말을 고려하여 쓰였습니다.
- 건축물과 명소는 이탈리아어로 표기하였으나 성당, 호수 등은 한국어로 표기하였습니다.
- 단행본은 『 』, 시는 「 」, 예술 작품, 노래 제목은 〈 〉로 표기하였습니다.

편역자 김원형
베를린에서 미술사와 사회학 학사를 마치고, 현재 대학원에서 박물관학을 공부 중이다.

무해한 산책

사유하는 방랑자 헤르만 헤세의 여행 철학

헤르만 헤세 지음
김원형 편역

Die Reisen von Hermann Hesse

지콜론북

사유하는 방랑자
헤르만 헤세의 이탈리아 여행

"나는 7월의 따뜻한 초저녁에 태어났다. 그 시간의 온도는 평생 무의식적으로 사랑하고 추구해 온 것이며, 그것이 없으면 고통스럽게 그리워했다. 추운 나라에서는 절대 살 수 없었고, 내 인생의 모든 자발적 여행은 남쪽으로 향했다."

헤르만 헤세

1901년 3월, 23세가 된 헤세는 고향인 독일 남서부의 칼프claw에서 출발해, 오래도록 동경하고 꿈꿔왔던 이탈리아로 여행을 떠난다. 그는 53일 동안 이탈리아에서 머무른다.

그 뒤로도 헤세는 종종 이탈리아로 떠난다. 1901년 헤세는 이탈리아를 여행하는 동안 성당과 박물관에서 예술 작품을 관찰하고 기록했다. 헤세의 여행에는 깊은 사유가 담긴 기록이 늘 함께였다.

그의 대부분 목적지는 발길이 이끄는 대로 정해졌는데, 그건 여행 안내서가 오히려 여행을 망친다고 여겼기 때문이다. 그렇게 책자에 없는 여러 작은 도시를 방문하게 되었다. 헤세는 주로 걸으며 거리에서 마주하는 사람, 그리고 열차에서 만나는 이들과의 대화를 즐겼다. 그리고 이런 과정을 통해 진정한 이탈리아를 만나고자 했다.

예술 작품을 감상할 때도 마찬가지다. 대중적으로 유명한 작품이라도 자신의 마음을 사로잡지 않으면, 강한 인상을 주지 못한다고 평했다. 하지만 큰 인상을 남긴 작품은 몇 번이고 다시 찾아가 오래도록 감상했다.

그에게 여행은 단순한 이동이 아니었다. 인간 본질을 탐색하는 과정이며 동시에 자기 감각을 일깨우는 여정이다. 낯선 사람과 예술품, 자연을 마주할 때, 그는 대상을 통해 자신을 마주했다. 1901년을 시작으로 그는 여러 차례 이탈리아를 방문했다. 어쩌면 그 여정은 조국의 배척과 가족의 병, 그리고 자신의 우울증까지 순탄하지 않았던 삶의 계절에서 따스한 봄을 맞이하기 위한 시간이었을지도 모른다.

당신이 방문할 이탈리아를 위한 안내서 10

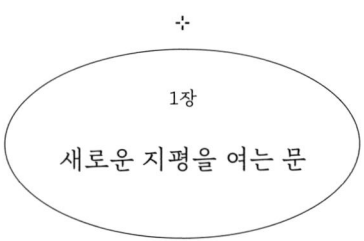

1장
새로운 지평을 여는 문

여행에 대한 열망 16

대리석에 비치는 빛의 세계 20

파도가 남기고 간 인상 23

우연히 마주친 대조 26

오래되고 사라진 예술의 마법 27

색채를 머금은 그림 34

오페라의 밤 40

피렌체의 부활절 42

레몬이 익어가는 계절 47

몇 번의 게으른 오후 49

멀리서만 보이는 황홀 55

열두 번의 맑고 푸른 봄날 저녁 58

오직 방랑을 위한 날 63

노을이 담긴 항구 도시 67

진정한 이탈리아의 삶 70

세월의 숨결을 간직한 도시 73

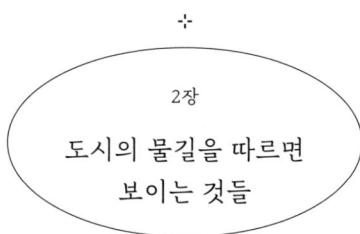

2장

도시의 물길을 따르면
보이는 것들

예술적 기준에서 벗어나면 볼 수 있는 매혹 78

불멸과 영원의 인상 82

그림 같은 도시 85

게으름, 사랑, 그리고 음악의 도시 88

조용한 수면 위로 떨어지는 빗방울 91

석호의 마법 101

부드러운 물빛의 춤 103

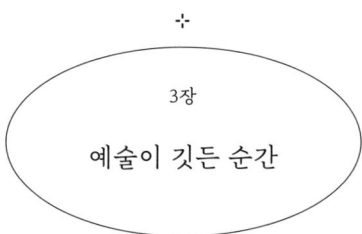

3장

예술이 깃든 순간

우피치 미술관에서의 단상　112

당신의 아름다움이 예술 속에 드러나게 하소서　120

찬란한 영광이 머무는 자리　132

5월에 만난 물의 도시　141

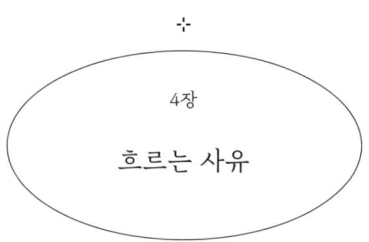

4장

흐르는 사유

침묵의 미소 160

정오의 종소리를 기다리며 163

피렌체에서의 오후 178

다만 내가 할 수 있는 것을 계속할 뿐 180

어둠 속에서 흥얼거리는 노래 190

신비롭고 고요한 물 198

이탈리아를 여행하는 세 가지 방식 203

일상에서 흐르는 음악적 리듬 205

오랜 시간 꿈꿔온 풍경 207

첫눈에 반하는 경험 218

흐르는 빗속에서 마주한 충동 226

이제 떠날 때가 되었다 240

당신이 방문할 이탈리아를 위한 안내서

당신은 이제 곧 이탈리아로 떠나겠군요. 베네치아에서 머무를 곳을 찾는다면, 카발레토 여관을 추천합니다. 산 마르코 광장Piazza San Marco 바로 근처에 있어 모든 곤돌리에레곤돌라 선원가 알고 있습니다. 그곳의 음식은 꽤 저렴한데, 아주 훌륭한 맛을 자랑합니다. 여행 안내서인 『베데커』에서 추천하는 개인 숙소들은 짧은 기간 동안 머무르기엔 비쌉니다. 당신의 여정에 행운이 깃들기를 기원합니다.

베네치아의 모든 집에 제 안부를 전해주세요. 특히 아주 매력적인 산타 마리아 데이 미라콜리 성당Chiesa di Santa Maria dei Miracoli과 약간 외진 곳에 있지만, 매우 흥미로운 지오베 성당Chiesa di San Giobbe은 여행자들이 안타깝게 종종 놓치는 곳이라 특별히 추천드립니다. 만약 토르첼로섬에 가게 된다면 그곳의 대성당도 꼭 들러 보세요. 만약 파도바Padova에 머무는 동안, 하루나 이틀 정도 시간이 있다면 에레미타니 성당Chiesa di Eremitani은 꼭 놓치지 마세요. 만테냐의 멋진 프레스코화가 있으니까요.

베네치아에서 우연히 지나 살리스트리라는 이름을 가진 곤돌리에레의 딸을 만나면, 제 안부를 여러 번 전해 주세요. 그리고 종탑 사고에 대한 베네치아 사람들의 분위기와 재건을 위한 결정과 계획에 대한 소식을 알게 되면 제게 들려 주세요.

베네치아 외에 다른 도시들도 방문하실 건가요? 예를 들어 베로나Verona나 비첸차Vicenza, 혹은 호수 중 하나? 밀라노Milano는 그 자체로 매우 흥미롭고 귀중한 것들이 많지만, 안타깝게도 전체적으로는 매력적이지 않은 도시입니다. 반면, 파도바는 베른Bern 다음으로 제가 아는 가장 특색 있고 분위기 있는 도시 중 하나입니다.

모든 이탈리아 여행의 즐거움은 양날의 검 같아서, 더 많은 도시를 방문할수록 각 도시에 할애하는 시간이 줄어들지만, 그래도 어느 한 곳도 놓치고 싶지 않죠. 모든 여행에서 제 개인적인 원칙은 가능한 한 많은 것들을 눈에 담는 것보다는 하나의 도시, 호수, 지역을 철저하고 자세하게 알아가는 것입니다. 그래서 저는 피렌체Firenze, 라벤나Ravenna,

베네치아를 깊이 알게 되었죠. 물론 베르가모Bergamo에서 페라라Ferrara까지 수많은 북부 이탈리아의 작은 도시들도 방문하고 싶은 열망이 더 커졌습니다.

그럼 행복한 여행 되길 바랍니다. 그리고 티치아노의 도시, 베네치아에서 모든 경이로움을 마음껏 느껴 보길 바랍니다!

베네치아에서, 1902년 9월 17일
헤르만 헤세

1장

새로운 지평을 여는 문

여행에 대한 열망

한겨울이다. 눈과 휜 바람, 얼음과 진흙이 번갈아 나타나고, 들판 길은 다닐 수 없고, 가장 가까이 있는 이웃과도 단절되었다.

나는 종종 이탈리아 대형 지도가 벽에 걸려 있는 침실로 향한다. 갈망하는 시선으로 포강과 아펜니노산맥을 지나 푸른 토스카나계곡을, 리비에라Riviera의 파랗고 노란 해변을 따라 훑어 보고는, 시칠리아Sicilia를 내려다보면 예기치 않게 코르푸섬과 그리스쪽으로 도달한다. 이 모든 곳이 얼마나 가깝게 붙어 있던가. 그리고 얼마나 빠르게, 어디든 갈 수 있던가. 나는 휘파람을 불며 서재로 돌아와 불필요한 책을 읽고, 불필요한 글을 쓰고, 불필요한 생각을 한다.

지난해에는 6개월을, 그 전 해에는 5개월을 여행했다. 사실 가장이자 농부, 거기다 정원사로서는 꽤 긴 여행이었다. 마지막 여행에서 돌아왔을 때, 영원히는 아니더라도 이제 오랫동안 평화를 이루며 안주하고, 가정적으로 살아야 할 때가 왔음을 느꼈다. 여행 중 아프고, 수술을 받아 한동안 누워 있었던 터였다.

하지만 심하게 여윈 상태와 피로에서 회복하자마자, 몇 주간 책에 열중하고 글 쓰는 종이를 다 써 버리자, 어느 날 엄청나게 노란 햇살이 오래된 시골길을 짧게 비추고 있었다. 호수 위로는 작고 검은 배가 눈처럼 하얗고 큰 돛을 달고 지나갔다. 그 모습을 보며 인생의 짧음을 떠올리니, 갑자기 모든 결심과 소망, 깨달음은 더는 그곳에 남아 있지 않고, 치유할 수 없는 미칠 듯한 여행에 대한 열망만이 남았다.

아, 진정한 여행에 대한 진정한 열망은 두려움 없이 생각하고, 세상을 뒤집어 보며, 모든 것들과 사람, 사건에 대한 답을 얻고자 하는 여느 위험한 욕망과 다르지 않다. 더 나을 것도 없다. 이는 계획이나 책으로는 채워지지 않으며,

더 많은 것을 요구하고 더 많은 대가를 치르게 하며, 심장과 피를 바쳐야 한다.

창밖에서 부드럽고 온화한 서풍이 목적 없이, 방향 없이, 열정에 사로잡혀 자신을 소진하며, 거칠고 만족을 모르는 채로 슈바르츠호수를 휘젓고 있다.

여행에 대한 진실한 열망은 쉽게 만족 되지 않는 충동이다. 이러한 열망에 사로잡힌 사람에게 끊임없이 희생을 요구한다. 마치 극단적인 모험이나 미친 듯한 몰락에 이르기까지 말이다. 돈과 여자의 호의, 권력자의 총애를 좇는 사람들이 있지 않은가. 여행을 갈망하는 자들은 대지를 이해하고 그를 경험하려 하고, 결국 자연과 하나가 되어 자신을 바치고자 한다. 하지만 이러한 열망은 오직 꿈꾸고 갈망하며 바라볼 뿐, 완전히 성취하거나 좇을 수 없다. 어쩌면 우리의 이런 열정은 도박꾼, 투기꾼, 야심가의 열정과 크게 다르지 않겠지만, 그렇다고 더 나을 것도 없을 것이다.

하지만 저녁 시간을 떠올리면, 우리의 열정이 다른 어떤 것보다 더 소중하게 느껴진다. 대지는 우리를 부르고,

방랑자에게는 귀향을, 쉼 없는 자들에게는 안식처가 손짓할 때, 그 끝은 이별이나 망설이는 순응이 아닐 것이다. 오히려 감사와 갈망으로 깊이 느끼는 경험일 것이다.

우리는 남아메리카, 발견되지 않은 남태평양 미지의 만, 지구의 극지, 바람과 강풍, 번개, 눈사태를 이해하는 것에 호기심을 갖는다. 하지만 우리는 죽음, 존재의 마지막이자 가장 담대한 경험에 대해서도 끝없는 호기심을 품는다. 왜냐하면 우리의 모든 인식과 경험 중에서 기꺼이 목숨을 바칠 만한 것이 진정으로 가치 있고 만족스러운 것이라고 믿기 때문이다.

대리석에 비치는 빛의 세계

밀라노, 1901년 3월 25일

밀라노 대성당Duomo di Milano은 장식적인 인상이 엄청나다. 내부는 특히나 높아 거대하다는 느낌을 주었고, 대리석 기둥에 반사된 스테인드글라스의 빛도 아름다웠다. 안토니오 탄타르디니Antonio Tantardini의 부조 〈마리아의 탄생〉은 선이 우아하지만, 평면적으로 느껴졌다.

산타 마리아 델레 그라치에 성당Chiesa di Santa Maria delle Grazie은 도나토 브라만테Donato Bramante의 멋진 돔을 가지고 있다. 회랑에는 따뜻한 햇살이 쏟아진다. 레오나르도 다빈치Leonardo da Vinci의 〈최후의 만찬〉을 최상의 빛에서 보았는데, 내가 생각했던 것보다 잘 보존되어 있었다. 특히 배경의 풍경이 인상적이었다. 〈최후의 만찬〉은 여러 복제품에 둘러싸여 있었다.

　정오에 호텔에서 점심을 먹고, 산책을 하고 브레라 미술관Pinacoteca di Brera을 찾았다. 베르나르디노 루이니Bernardino Luini의 프레스코화와 카를로 크리벨리Carlo Crivelli의 〈성모상〉이 특히 인상적이었다. 가이드와 함께 활기찬 거리를 걷고, 밀라노 대성당 지붕에 올랐다. 대리석으로 만들어진 이 세계는 매우 인상적이었고, 도시와 알프스의 전망이 펼쳐졌다. 산책을 마치고 현대식 건물의 산토 스테파노 마조레 성당Basilica di Santo Stefano Maggiore을 둘러보고, 작은 술집에서 커피를 마셨다. 작은 식당에서 저녁을 먹었는데, 매우 저렴했다. 그곳에는 온 가족이 고양이와 함께 앉아 있었고, 내 이탈리아어를 듣고는 미소를 보였다. 모든 이탈리아의 음식점에는 고양이가 있고, 이 조화로움이 종종 아름답게 느껴졌다.

　밀라노는 완전히 대도시의 특성을 가지고 있으며, 코르소 거리는 우아하고 활기차다. 비토리오 에마누엘레 2세 갤러리Galleria Vittorio Emanuele II: 아케이드 형식의 밀라노 쇼핑 센터에는 화려하고 멋진 가게들이 있다. 모든 서점에는 가브리엘레 단눈치오Gabriele d'Annunzio의 두 신간 『G. 베르디의 죽음』과 『프란체스카 다 리미니』가 진열되어 있었다.

파도가 남기고 간 인상

제노바, 1901년 3월 29일

제노바로 출발한 건 아침 8시였다. 여정은 사람들이 말하는 것처럼 지루하지는 않았다. 논, 초원, 습지, 평야, 자작나무, 버드나무, 포플러나무. 보게라Voghera에서 동쪽으로 아름다운 펜나산이 눈 속에 깊이 묻혀 있었다.

군데군데 눈은 있었지만, 올해 첫 번째 앵초도 보았다. 날씨도 물론 좋았다. 론코Ronco에서는 청록색 강과 함께 노란 암석으로 된 제노바산맥이 시작되며, 그 경관이 무척이나 그림 같다. 아름다운 햇살과 맑은 하늘. 형형색색의 성 마르티노가 있는 하얗고 작은 성당이 반짝이며 지나간다.

색색의 도시를 걸어 다니다, 두 명의 백발 뱃사공과 함께 1시간 동안 배를 타고 항구를 돌아다녔다. 두 개의 방파제와 등대를 지나 팔라초 두라초 팔라비치니Palazzo Durazzo Pallavicini에 다다랐다. 팔라초중세 정청이나 귀족의 저택에 들어서니 대리석 계단과 매우 화려하고 아름다운 안뜰이 펼쳐졌다. 내부에는 아름다운 안토니 반 다이크Anthony van Dyck의 작품과 피터 파울 루벤스Peter Paul Rubens의 〈실레누스〉, 그리고 알브레히트 뒤러Albrecht Dürer의 작고 근사한 작품이 있었다.

정원에는 오렌지 나무가 있었는데, 날이 추웠던지 오렌지가 언 채로 가지에 매달려 있었다. 아마도 티치아노 베첼리오Tiziano Vecellio의 〈막달레나〉와 수많은 초상화, 멋진 샹들리에와 꽃병들, 그리고 다시 티치아노의 〈케레스〉를 만날 수 있었다. 특히 루카스 반 레이덴Lucas van Leyden의 작은 작품이 마음에 든다. 골목을 어슬렁거리는 것은 즐겁고 다채롭다. 어여쁜 여인들, 좁은 골목과 그 어귀에 붙어 있는 가게들, 소음, 선원들의 모습과 꽃가게들….

제노바는 나에게 첫 번째 진정한 이탈리아의 모습을 보

여 주었다. 햇살, 흰색의 밝은 집들, 청록색으로 반짝이는 바다, 화려한 옷을 입은 사람과 집과 성당 계단에 앉아 있는 거지와 배회하는 이들. 그리고 모든 나라가 다 모인 듯한 배가 있는 항구. 등대 근처에는 노동자들이 매우 능숙하게, 그리고 꽤 열심히 공을 차는 운동장이 있었다.

오후 5시, 누오보 방파제에 눈처럼 하얗게 부딪치는 파도를 향해 산책하러 갔다. 이러한 바다의 첫인상은 꿈처럼 지나갔지만, 장엄하고 경건한 인상으로 내 기억에 단단히 자리 잡았다.

우연히 마주친 대조

제노바, 1901년 3월 30일

트램을 타고 스타리에노Staglieno로 갔다. 그곳의 아름다운 풍경 속에는 거대하고 호화롭게 설계된 캄포산토Camposanto: 공동묘지의 한 유형가 자리하고 있다. 신전의 내부에는 아름답게 장식된 둥근 돔이 마치 왕관처럼 메인 갤러리를 감싸고 있다. 묘지를 떠올리면 으레 따라오는 엄숙한 분위기와는 사뭇 다르게 매우 화려한 묘비들이 즐비했다. 엄청난 양의 대리석이 은유와 무취향으로 원시적인 순진함과 결합하여 진정한 향연을 축하한다. 도시로 돌아왔다. 팔라초 로소Palazzo Ross를 방문했는데, 그곳에서 자코포 틴토레토Jacopo Tintoretto의 초상화와 파리스 보르도네Paris Bordone의 역사화 두 점이 눈에 띄었다.

오래되고 사라진 예술의 마법

피사, 1901년 4월

피사Pisa에 도착한 시간은 11시 30분. 그곳에서 유명하지만 안타깝게도 기울어진 종탑에 올라 도시와 산, 바다를 내려다보았다. 달걀 몇 개를 와인과 함께 먹었고, 날씨는 맑고 따뜻했으며, 정말 멋진 날이었다.

오는 동안 기차에서 사이프러스를 보았는데, 그 꼭대기가 원근법상 먼 산의 높이와 같아 보였고, 이동하면서 산의 윤곽을 손가락으로 더듬듯 느낄 수 있었다.

아름답고 조용한 작은 도시 피사 근처에 평화롭고 푸른 초원으로 둘러싸인 조용하고 엄숙한 대리석의 세계가 자리하고 있다. 이곳은 외롭고 오래되어 사라진 예술의 마법으로 덮여 있다. 바로 그 유명한 피사의 성스러운 건물들, 세례당과 대성당, 종탑, 그리고 캄포산토가 있다. 단테적인 문화의 중세 말기에서 새로운 예술과 삶의 놀라움이 처음으로 싹텄던, 우리에게 신비롭게 다가오는 그 시대로부터 기원한 것이다.

한적한 도시의 거리에서 나와 처음으로 이 독특한 광경에 놀란 사람은 누구나 이 고귀하고 아름다운 건물 앞에서 뛰는 가슴과 함께 멈춰 서게 된다. 어떤 집도, 현대 생활의 어떤 그림이나 소리도 이 인상을 방해하지 못한다. 가장 나중에 지어진 부분도 600년이 넘는 이 작은 세계는 과거의 순수함을 그대로 간직한 채 푸른 초원 속에 고립되어 있다. 여기서 경외감과 신성한 전율을 느끼지 못하는 사람은 이탈리아를 헛되이 찾은 것이다. 이곳만큼 옛 이탈리아의 한 부분이 이렇게 훌륭하고 순수하게, 또한 고귀하게 보존된 다른 장소를 찾지 못할 것이다.

경이롭고 놀라운 첫 번째 경험에서 깨어난 후, 자연스럽게 종탑, 즉 기울어진 것으로 유명한 피사의 사탑 Torre di Pisa에 호기심이 향한다. 나 역시도 그랬고, 많은 사람이 이 기울어진 탑이 처음부터 의도적으로 설계되었다는 사실을 수수께끼처럼 여겼다. 볼로냐의 기울어진 '두 개의 탑'이 정말로 독특하고 기이한 인상을 주려고 의도했다면, 피사의 사탑은 기울어진 상태로 인해 깊은 유감 속에서 바라볼 수밖에 없다. 그 기울어진 경사는 아마도 다른 어느 곳에서도 찾아볼 수 없을 만큼 고귀한 조화 속에서 유일한 불협화음을 만들어 내기 때문이다.

멋진 탑을 관찰하고 대성당으로 올라간 후, 안드레아 델 사르토Andrea del Sarto의 그림을 보았다. 그리고 조반니 피사노Giovanni Pisano의 엄격하고 아름다운 부조로 장식된 설교단이 있는 세례당을 방문한 후, 몇 걸음 떨어진 캄포산토로 향했다. 그곳의 내부에서 특별한 인상이 나를 기다리고 있다는 것을 알고 있었다.

캄포산토는 직사각형의 녹색 광장으로 안쪽으로 열린 회랑에 둘러싸여 있고, 그 벽에는 유명한 프레스코화들이 덮여 있다. 이 공간은 죽음처럼 조용하고, 외진 곳에 있으며 엄숙한 분위기와 세속에서 멀어진 듯한 기분과 사색적인 진지함이 느껴진다. 회랑의 돌바닥은 묘비로 구성되어 있으며, 그 위에는 고대와 중세의 중요한 조각 컬렉션이 전시되어 있다. 나는 운 좋게도 유일한 방문객이었다. 어느 것도 나의 조용한 관찰을 방해하지 않았고, 내 발걸음 소리 외에는 어떤 소리도 들리지 않았다. 프레스코화의 다채로운 장면들을 살펴보았고, 조각품 중에서 매우 매력적인 에트루리아Etruria: 고대 이탈리아 중부 지역의 문명 작품 몇 점을 발견했다. 그 뒤로 녹색으로 덮인 안뜰에서 눈을 쉬게 해주며, 〈죽음의 승리〉를 감상할 준비를 했다.

이 완벽한 고요 속에서 휴식을 취하는 동안, 내 상상력은 이 벽들이 세워지고 그림이 그려진 시대를 그리고 있었다. 이 작품들은 영국의 라파엘 전파Pre-Raphaelites: 르네상스 이전 예술로의 회귀를 추구하는 19세기 중반 영국에서 시작된 예술 운동를 통해 최근 수십 년간의 예술에 다시 엄청난 영향을 끼쳤다. 이 과거와 죽음의 장소에서 역사적 상상은 매우 매력적이었지만, 동시에 무언가 슬프게도 여겨졌다. 나는 이내 그 생각에서 벗어나 이제 〈죽음의 승리〉 앞에 서서 그 작품을 제대로 마주했다.

이 장엄한 그림에서는 중세 말기의 우울한 신비주의가

느껴졌다. 손상되긴 했지만, 오늘날에도 고풍스럽게 남아 있는 이 그림은 여전히 보는 이의 영혼에 슬픔과 죽음에 관한 생각의 그림자를 드리운다. 왼쪽에는 죽음을 두려워하지 않는 은둔자들의 경건한 삶이 묘사되어 있다. 한 은둔자는 나무에 기대어 쉬고 있고, 다른 이는 구부정하게 앉아 책을 읽고 있으며, 또 다른 이는 암사슴의 젖을 짜고 있다. 오른쪽에서는 천국의 축복을 받은 이들이 푸른 과일나무 아래의 깊은 평화 속에 앉아 대화를 나누며 악기를 연주하는 모습을 볼 수 있다.

그러나 중앙에는 죽음의 승리를 세 가지 주요 그룹으로 묘사하고 있는데, 이곳에서 죽음은 마음대로 잔인하게 인간들을 지배한다. 고귀하고 호화롭게 차려입은 사냥꾼 무리가 아름다운 말을 탄 채 개들에 둘러싸여 있다. 이 즐거운 행렬의 선두에 있는 사람들은 느닷없이 열려 있는 세 개의 무덤과 마주치게 되는데, 그 무덤에는 다양한 부패 단계의 시체들이 보인다. 맨 앞에서 말을 타고 있는 아름다운 젊은이가 창백해지며 뒤따라오는 사람들에게 말없이 손가락을 뻗어 이 무서운 광경을 가리키고, 그의 오른쪽에 있는 여인은 겁에 질려 혼란스럽게 이를 바라본다. 이제 이 화려하고 거대한 행렬 사이로 죽음에 대한 공포의 전율이 퍼져 나간다. 작은 개 한 마리가 겁에 질려 울며 무덤 근처로 다가가고, 말 한 마리는 겁에 질려 목을 쭉 뻗고 시체들을 응시한다. 뒤따르던 여인은 아름다운 머리에 손을 기대고는 죽음에 대한 고통스러운 두려움에 사로잡혀 다시는 그쪽을 마주할 수 없어 한다. 이 행렬은 불안감 속에 멈추어 서지만, 가장 뒤에 있는 이들은 아직 아무것도 모른 채 생기 넘치고 오만한 표정으로 그림 속에서 우리를 바라본다.

그 옆에는 가장 감동적인 장면이 등장한다. 길가에는 가난하고 구걸하는 무리가 각자 서 있거나 누워 있다. 이들은 모두 늙고, 병들고, 삶에 지쳐 있다. 한 사람은 눈이 멀었고, 다른 이는 절름발이이며, 또 다른 이는 노쇠하거나 허리가 굽었거나, 불행으로 인해 불구가 되었다. 그들은 가슴 아픈 몸짓과 눈빛으로 자신들을 해방시켜 달라고 죽음에 간청한다. 오직 그들만이 기꺼이 죽음을 받아들일 준비가 되어 있다. 하지만 죽음은 그들의 말을 듣지 않는다. 끔찍한 메가이라 복수의 여신로서 죽음은 거대한 낫으로 자신의 먹이를 베어 낸다. 젊고 부유하고, 아름답고 고귀하며 삶에 집착하던 이들이다. 그들은 시든 잎처럼 바닥에 겹겹이 쌓여 있다. 대수도원장들, 귀족들, 고귀한 여인들, 그리고 꽃다운 나이에 목숨을 잃은 젊은이들이 거기에 누워 있다. 그 위의 하늘에서는 천사들과 악마들이 영혼을 두고 다투고 있다.

이것이 바로 〈죽음의 승리〉이다. 나는 이처럼 강렬하고 우울하게 영원한 죽음의 메시지를 전하는 그림이나 시를 알지 못한다. 아마도 시편, 집회서, 전도서에 나오는 절망적일 정도로 가혹한 죽음에 대한 구절 두세 개를 제외하고는 말이다.

색채를 머금은 그림

피렌체, 1901년 4월

햇살 가득한 고요한 봄날 오후, 따뜻한 벤치나 무성한 풀밭에 누워 햇볕의 따스함과 꽃향기에 완전히 빠져들었던 꿈같은 시간이 있었다. 맨발의 토스카나 농부 소녀들과 나누었던 담소에 이어, 이탈리아에서 수도원과 성당의 회의실, 도서관, 성구실, 금고에서만큼 나 자신을 잊고 완벽하게 몰입했던 순간은 없을 것이다. 그곳에서 나는 오래되어 먼지가 쌓인 독서대에 놓인 옛 수도사들의 그림 모음을 발견했다.

수도원 세밀화가의 작업은 말로 표현할 수 없을 정도로 그들에게 틀림없이 만족을 주었을 것이다. 그들의 작은 그림과 장식들에서는 그들이 느꼈던 끊임없는 충실함과 일에 대한 행복한 사랑이 고스란히 담겨 있었다. 작품을 보자 다채롭고 신선하며 정성스러운 마음이 전해졌다. 조형 예술 분야에서 이렇게 선명한 색채와 바래지 않은 금빛으로 빛나는, 견고한 예술 작업의 결과물만큼 관람자에게 친근함을 주고 위로와 정화, 기쁨을 주는 작품을 이전에는 거의 본 적이 없다. 게다가 이들은 순수한 장식의 강력한 효과를 펜과 잉크의 자유로운 이야기적 상상력과 독특하고 즐거운 방식으로 결합해 내었다. 수많은 책, 심지어 도서관 전체에 균일하고 일관된 장식적 효과를 내면서도, 동시에 놀라울 정도로 생동감 넘치고 개성 있는 기분과 창의성으로 가득 차 있다.

파비아 카르투시오회 수도원Certosa di Pavia, 피렌체의 산마르코 박물관Museo di San Marco과 산타 크로체 성당Basilica di Santa Croce의 성구실, 피렌체 카르투시오회 수도원Certosa di Firenze에서 나는 특히 아름다운 이니셜을 발견했다. 산타 크로체에서 잠깐 둘러본 연구실을 막 떠나려고 할 때, 우연히 서가 중 하나에서 어떤 색채가 눈에 들어왔다. 가까이 다가가 보니, 몇 장의 양피지에 그려진 이니셜들이 펼쳐져 있었다. 벽에는 금색으로 수놓은 화려한 사제복이 장엄하게 배경을 이루고 있었다. 특히 거기에는 예배의 시작을 나타내는 라틴어 'P'가 큼지막하게 새겨져 있었는데, 나는 거기에 시선이 사로잡혔다.

그 문자는 푸른색의 아름다운 윤곽선으로, 금색 바탕에 빨간색과 녹색 잎 장식이 있어 돋보였다. 금색 자체는 가느다란 검은 선으로만 둘러싸여 있으며, 이 선은 다시 주황색으로 된 장식 무늬로 채워져 있다. P의 거의 원형에 가까운 둥근 부분 안에는 성 게오르기우스의 용 퇴치 장면이 그려져 있었다. 여기서 특이한 점은 보통 세밀화가들은 이런 묘사를 위해 밝고 선명한 파란색 하늘의 강렬한 장식적 배경을 포기하지 않는다. 그러나 여기서는 파란 하늘 대신, 전체 배경으로 성벽, 지붕, 두 개의 문이 있는 도시 풍경이 정교하게 담겨 있다. 그림의 중간 부분은 몇 개의 회색 언덕으로 채워졌고, 그 언덕에는 각각의 식물이 자라고 있다. 이 언덕은 전경의 짙은 녹색의 화려한 초원을 향해 가파르게 내려간다. 이 초원 위의 기사가 타고 있는 말과 그 앞의 처녀, 용은 생동감 있게 그려졌으며, 강렬한 색채로 두드러진다. 여기 있는 모든 세세한 부분은 아주 정성스럽게 그려져 있다. 성인은 창백한 라일락색 말을 타고 있는데, 이 말은 파란 고삐로 재갈이 물려 있고, 빨간 안장에는 노란 가죽끈이 있다.

안장의 우아한 곡선을 따라가다 보면, 흰색 별 모양의 장식이 점처럼 박혀 있는 걸 볼 수 있다. 기사의 창은 용의 입을 막 관통하고 있고, 용은 고개를 뒤틀며 분노에 가득 찬 표정으로 적을 올려 보며, 강한 꼬리로 말의 뒷다리를 단단히 감싸고 있다. 말은 자유로워지기 위해 다른 뒷발은 용의 몸에 가져다 대고, 앞발은 고통스럽게 일그러져 이를 드러내는 용 머리 앞에서 치켜세우고 있다.

기사는 선명한 코발트블루의 기마복을 입고 있으며, 붉은색과 라일락색 망토의 안감이 세찬 바람에 휘날리고 있었다. 그는 짧은 노란색 바지와 붉은색 기사 신발을 신었으며, 신발에는 파란 박차가 달려 있었다. 그의 왼손에는 붉은 십자가가 그려진 하얀 방패가, 오른손에는 승리의 창이 쥐어져 있었다. 젊고 온화한 얼굴은 금발의 수염으로 둘러싸여 있다. 조금 옆에는 한 여인이 서 있는데, 그녀는 붉은 드레스에 연한 붉은색 소매와 금실로 짜인 허리띠를 두르고 있다. 길게 늘어뜨린 금발의 머리칼이 경건하고 고요한 얼굴을 감싸고 있으며, 그녀의 연약하고 하얀 손은 기도하듯 모아져 있다. 그러나 여기서 가장 아름다운 부분은 바로 앞쪽의 짙고 어두운 녹색 초원이다. 그 초원은 파란색과 주황색 꽃들로 반짝이고 있으며, 처녀의 얼굴과 기도하는 손보다도 더 강하게 세상과 멀리 떨어진 평온하고 조화로운 삶의 마법이 깃들어 있다. 그 위로 따뜻함과 여름의 기운이 감돌고 있어, 마음을 달래면서도 동시에 향수를 불러일으킨다.

피렌체 카르투시오회 수도원에서 나를 안내하던 나이든 수도사에게 왜 이제는 수도원에서 이런 그림을 그리지 않느냐고 물었다. 그는 온화한 미소를 지으며 펼쳐진 양피지를 가리켰다.

"우리 방문객들은 이런 질문을 한 번도 하지 않았습니다. 500년이 넘지 않은 것에는 관심이 없거든요."

잠시 후 그는 도서관 문을 잠그며 덧붙였다.

"그들은 우리를 경멸합니다. 우리 선조를 존경하는 만큼이나 우리를 경멸하지요."

작별 인사를 하며 나는 그에게 말했다.

"아마도 그들은 여러분 안에서 자신의 시대, 어쩌면 자신을 경멸하는 것일지도 모릅니다."

그는 내 말을 듣고 미소 지은 채 말했다.

"누가 그걸 알 수 있겠습니까?"

그리고 그는 넓고 햇살이 가득한 계단을 따라 안뜰로 나를 안내했다.

오페라의 밤

피렌체, 1901년 4월 6일

저녁 8시 반, 주세페 베르디Giuseppe Verdi의 오페라 〈아이다〉를 보러 큰 극장에 갔다. 음악은 단조롭지 않았고, 부분적으로는 정교하게 아름다웠으나, 오로지 효과에만 집중되어 시끄럽다는 인상을 주었다. 공연은 이탈리아식 감정으로 가득했다. 관객들은 공연을 날카롭게 감시하며, 좋아하는 부분에서는 열광적으로 박수쳤고, 환호성과 함께 앙코르를 요구했다. 이는 작품을 전혀 고려하지 않은 채 단순히 감성적인 부분을 다시 보기 위해 공연이 중단되었다.

휴식 시간은 매우 길었다. 무대 장식은 그저 그랬고, 커다란 무대는 깊이가 없었다. 오케스트라 규모는 크고 훌륭했다. 갤러리석에서는 가장 활발한 참여가 이루어졌다. 일부 관객들은 큰 소리로 함께 노래를 불렀다. 밤 12시 반까지 이어진 이 모든 일은 국민성을 더 잘 알 수 있는 훌륭한 기회였다. 그들은 감성적인 트레몰로에 눈물을 흘리면서도 동시에 작은 무대 실수에 대해 환호하며 웃는다. 이 사람들은 사업을 하지 않을 때는 자신을 표현하는 데 있어 순진무구하고 확신에 차 있으며, 동시에 자연스러운 생활 방식과 유연함을 지니고 있다. 우리 북부 사람들은 이에 비하면 꼭두각시 같다.

피렌체의 부활절

피렌체, 1901년 4월

매년 부활절 일요일, 피렌체 사람들은 '스코피오 델 카로scoppio del carro'라는 독특한 부활절 축제를 지내는데, 이는 '수레 폭발'이라고 불리는 행사다. 이 오래된 전통의 역사는 모든 면에서 완전히 명확하지는 않지만, 중요한 점만 간략히 설명해 보겠다.

고트프리트 본 부용Gottfried von Bouillon의 십자군 전쟁에서 유명한 미렌체 귀족 가문인 파치Pazzi가의 파초Pazzo는 예루살렘 성벽에 처음으로 발을 디딘 사람이었다. 고트프리드는 그의 용기에 보답하고자 나중에 그에게 예수의 무덤에서 가져온 세 개의 돌을 선물했고, 파초는 이를 멋진 수레에 실어 개선장군처럼 피렌체로 가져왔다. 당시에는 아직 대성당이 없었기에, 이 돌들은 사도 성당으로 옮겨졌고, 사제들은 이 돌로부터 성당과 개인 가정의 성화盛火를 위한 성스러운 불을 만들었다. 파치 가문에는 그 수레를 통해 신자들에게 성스러운 불꽃을 나눠 주는 특권을 유지하도록 했다. 수레는 제단에서 점화된 횃불과 촛불로 장식되어 장엄한 모습으로 도시를 돌았다.

  이것이 수레 폭발 행사의 기본이 되는 전설이다. 오늘날 사용되는 수레는 원래의 것을 이은 세 번째 수레라고 한다. 그러나 시간이 흐르면서 불의 의식은 일종의 종교적인 불꽃놀이로 변모했다. 이 의식은 여전히 실질적인 의미를 지니고 있지만 과거와는 완전히 다른 의미를 갖고 있다. 현재의 관습에 따르면, 불꽃과 다양한 불꽃놀이로 풍성하게 장식된 수레는 대성당 광장의 제단에서 나오는 로켓에 의해 점화된다. 이 로켓은 비둘기 모양을 하고 있으며, 제단에서 시작해 성당 본당을 가로질러 정문을 통과하여 바깥으로 나간다. 이제 농부들은 이 '작은 비둘기'의 비행을 보고 그해의 수확을 예측한다. 만약 비둘기가 도중에 멈춰서 도움을 받아야 한다면, 곡식과 과일 수확은 불길하다고 여겨진다. 그러나 비둘기가 아무 문제 없이 목표 지점에 도달한다면, 농부들은 큰 환호성을 지르며 풍성한 수확이 확실하다고 믿는다.

올해 부활절 일요일은 매우 맑고 화창해서, 나는 이미 오전 10시에 대성당 종탑으로 오르는 높은 지붕의 가장자리에 편안하게 자리를 잡았다. 그곳은 정말 멋진 장소였다. 먼저 눈길을 끄는 것은 대성당의 모습으로, 이곳에서 바라본 돔은 건축적으로 최상의 장관을 보여 준다. 이어서 도시의 수많은 탑과 성벽 꼭대기, 성당 지붕들이 눈에 들어왔다. 위협적인 정도로 아름다운 팔라초 베키오Palazzo Vecchio의 탑 옆에는 팔라초 바르젤로Palazzo Bargello의 넓고 소박한 탑과 바디아 피오렌티나 성당Badìa Fiorentina의 가늘고 뾰족한 작은 탑이 서 있었다.

왼쪽으로는 산타 크로체 성당Basilica di Santa Croce과 유대교 회당이 이어졌다. 그리고 아르노강 너머로는 산 니콜로 문Porta San Niccolò, 산토 스피리토Santo Spirito, 카르미네Carmine, 프레디아노Frediano 성당들이 보였고, 더 멀리 산타 마리아 노벨라Basilica of Santa Maria Novella, 산 미켈레San Michele, 산 로렌초San Lorenzo, 그리고 일련의 화려한 성당들이 눈에 들어왔다. 이 성당들 사이사이로 작은 섬처럼 사각형의 초록색 회랑이 여기저기 나타났다. 그리고 이 모든 것들 뒤로, 반짝이는 강을 따라 양쪽으로 펼쳐진 초록빛 언덕들이 이제 막 과일나무 꽃들로 반짝이고 있었다.

대성당 광장에는 이미 사람들이 모이기 시작했다. 시골 사람들이 모든 문을 통해 여러 무리를 지어 왔다. 세티냐노Settignano, 피에솔레Fiesole, 산 도메니코San Domenico, 마야노Maiano, 그리고 더 먼 곳에서 온 농부들이었다. 수레는 대성당과 세례당 사이에 서 있었고, 두 줄의 빽빽한 인파에 둘러싸였다. 대성당 내부도 이미 사람들로 가득 찼다. 대성당 광장의 교통은 통제되었고, 10시 반쯤 되자 마차도 더는 지나갈 수 없었다. 내가 있는 이 높은 곳에서 보면, 도시의 구석구석에서부터 호기심 가득한 사람들이 모여 광장이 점점 까맣게 변하는 광경이 매우 흥미로웠다. 어두운 군중 사이로 오렌지 판매상의 바구니가 여기저기 빛났고, 전단지와 신문을 파는 사람들의 외침이 내가 있는 곳까지 들려왔다. 11시가 되자 화려한 색상의 사제 행렬이 대성당의 정문에서 나와 천천히 세례당으로 사라졌다. 정오가 가까워지자 그들은 마찬가지로 엄숙하게 대성당으로 돌아왔다. 이제 군중들은 광장 전체를 빽빽하게 메웠고, 주변 거리에도 멀리까지 사람들로 가득했다. 창문과 지붕에도 사람들이 가득 차 있었다. 정오가 되자, 정오의 대포 발사와 동시에 모든 탑에서 울리는 종소리가 귀를 멍하게 할 정도로 크게 울려 퍼졌다. '비둘기'가 대성당 제단에서 날아올라, 멈추지 않고 무사히 목적지에 도착하자 농부들의 큰 환호를 받았다. 그리고 이제 수레의 불꽃놀이가 긴 시간 동안 엄청난 폭발음과 함께 연기와 불꽃을 내뿜었고, 군중의 함성이 이를 따랐으며 대성당 광장 전체가 화약 연기로 가득했다. 마침내 마지막으로 불타는 불꽃 바퀴가 천천히 깜빡이며 꺼졌을 때, 네 마리의 멋지고 거대한 흰 소들이 붉은 가죽 장식과 금으로 된 뿔을 단 채 사람들의 호위를 받으며 수레를 끌며 군중과 함께 떠났다.

나중에 식당에서 나는 그 농부 중 한 명을 만났는데, 그는 풍작에 대한 희망에 기뻐하며 특별히 맛있는 라구 파스타 2인분의 사치를 누리고 있었다. 그의 얼굴은 편안함의 빛이 스며 있었다. 아름다운 축제와 행운의 비둘기 비행에 대한 기쁨이 그에게 가득해 보였고, 형용할 수 없는 만족스러운 표정이 그대로 드러났다.

레몬이 익어가는 계절

피렌체, 1901년 4월 8일

점심 식사 후 포르타 로마나Porta Romana에서 출발하는 증기 트램을 타고, 피렌체 카르투시오회 수도원으로 향했다. 엄청난 인파의 만원 열차에서 서서 갔다. 뜨거운 날씨에 돌담으로 둘러싸인 돌길을 따라 수도원으로 올라갔다. 수도원은 에마계곡 언덕 위에 웅장한 성채처럼 자리 잡고 있었다. 작은 앞마당에서 요새 같은 성벽 위로 푸르고 풍요로운 에마계곡을 아름답게 내려다볼 수 있었다.

피렌체 지역 전체의 전형적인 특징은 아름답게 굽이치는 언덕의 선, 밝은 색상, 그리고 높고 뾰족한 사이프러스나 소나무 사이에 있는 저택, 수도원, 집들의 무리와 정원 담장이다. 이런 나무들이 늘어선 멋진 가로수 길이 빌라 포

지오Villa Poggio로 이어진다.

한 수도사가 수도원을 안내해 주었다. 도나텔로Donatello의 누워 있는 묘비 조각상들이 있었고, 그중에는 놀랍도록 사랑스럽고 아름다운 소년 조각상이 있었다. 회의실에는 피에트로 페루지노Pietro Perugino가 그린 성모 그림이 있었다. 많은 회랑이 있고, 가장 큰 회랑의 우물에서는 시원한 물을 마실 수 있었다. 수도원의 다른 쪽에는 피에솔레와 프라토Prato, 그리고 산을 볼 수 있었다. 수도원에는 수도사가 많지 않았고, 대부분 흰 수도복을 입은 늙고 지친 사람들이며, 그들은 친절했다.

처음 수도원을 방문하고 보름 가까이 시간이 지났다. 나는 다시 한번 수도원의 전경을 보기 위해 그곳으로 향했다. 특히 안드레아 오르카냐Andrea Orcagna와 도나텔로의 묘비와 큰 회랑을 애정 어린 눈으로 바라보았다. 지금 이곳의 모든 꽃과 덤불이 피어나 복도에는 따뜻한 기운이 아른거렸다. 이로 인해 평화와 세속으로부터 멀리 떨어진 느낌이 더욱 고조되었다. 수도원 정원에는 잘 익은 레몬이 가득했다.

몇 번의 게으른 오후

피렌체, 1901년 4월

피렌체에 있는 동안 시간을 충분히, 그리고 열심히 활용하려고 노력했다. 하지만 보볼리 정원에서 몇 번의 오후를 게으르게 보내고, 꿈꾸며 보낸 시간을 후회하지는 않는다. 급하게 찾은 도시에서 몇몇 중요한 성당만 방문하는 등 단지 모호하고 윤곽 없는 기억만을 가졌다면, 보볼리 정원에서의 시간은 결코 잊히지 않기를 바랐다.

이 정원을 제대로 즐기고 싶다면, 일요일 오후는 피하는 것이 좋다. 길과 벤치가 온통 방문객으로 붐비기 때문이다. 가장 좋은 것은 한낮의 뜨거운 고요함 속에서 정원을 보아야 한다. 녹색의 고요함 속에 정원이 있다. 이 정원은 로마Roma에서나 볼 수 있을 것 같은, 독일의 시인 요제

프 폰 아이헨도르프Joseph von Eichendorff의 꿈결 같은 시 구절에서 알고 있는 듯한, 이탈리아 '왕자 정원Prince's garden'의 개념을 전해 준다. 깊고 그늘진 길이 항상 푸른 관목들 사이로 구불구불 이어지고, 시원한 분수와 하얀 조각상들이 어두운 숲에서 보이는 그런 고전적인 정원이다. 이런 조용하고 햇살 가득한 시간에 혼자 보볼리 정원을 방문한다면, 길과 잔디밭에 16세기 의상을 입은 귀족 젊은이들이 산책하거나 공놀이하는 모습을, 벤치에는 담소를 나누는 귀족 부인들과 귀족 연인들이 앉아 있는 모습을 상상하지 않을 수 없다.

거기서 나는 때때로 벤치나 잔디밭에 누워, 크고 화려한 아네모네와 수선화에 둘러싸여, 아무런 생각 없이 까만 사이프러스 꼭대기 위로 맑은 하늘을 떠다니는 하얀 봄의 구름을 바라보곤 했다. 나는 이 정원의 첫 주인인 코시모 1세 데 메디치Cosimo I de' Medici 대공이나, 정원 설계를 맡은 예술가들인 니콜로 트리볼로Niccolò Tribolo와 훌륭하고 사랑스러운 조반니 다 볼로냐Giovanni da Bologna가 이곳을 거닐었을 모습을 상상했다. 쉽게 조롱받을 수 있지만, 나는 아름다움과 과거의 행복에 도취되는 것을 부끄러워하지 않는다. 나는 이 거대한 정원이 풍부하게 가진 그림 같은 전망을 찾아 여기저기 돌아다녔다. 운 좋은 장소에서는 월계수와 사이프러스로 둘러싸인 틀 안에 대성당과 종탑을 볼 수 있었고, 또는 짙은 녹색 수풀 위로 태양 아래 빛나는 피에솔레를 볼 수 있다. 피에솔레 위로는 맑은 하늘이 펼쳐져 있고, 그곳은 마치 꿈속 이미지처럼 멀고 평화롭게 느껴진다.

바다를 제외하면, 그곳에서 처음으로 남부의 매력이 나를 감동하게 했다. 물론 우리 독일 남부와 스위스 산림 지대가 훨씬 더 푸르며 무성한 것은 사실이다. 봄이 오면 우리에게 풍성하고 달콤한 공기를 가져다 주기도 한다. 내가 사랑하는 울창한 산림 지대 슈바르츠발트Schwarzwald로 돌아갔을 때 풍성한 푸르름을 더 잘 느낄 수 있었다. 그럼에도 불구하고 남부의 풍경은 나를 강하게 끌어당겼다. 맑은 하늘을 향해 순수한 윤곽을 그리며 솟아 있는 헐벗은 산들, 올리브와 과수원으로 덮인 회청색 비탈길들, 그 사이 언덕에 기대어 있는 밝고 가늘고 검은 사이프러스 무리가 거의 빠지지 않는 별장들. 이 모든 것이 맑고, 가장 투명한 공기와 강렬한 태양에 의해 더욱 돋보인다. 피렌체에는 아름답고 구불구불한 강과 계곡, 풍성한 꽃과 화려한 봄의 초원이 더해진다. 눈부시게 하얀 배나무의 꽃과 언덕 전체를 장식하는 살구나무의 옅은 붉은 꽃도 있다. 오늘날 피렌체의 삶이 토스카나의 전성기 때와 공통점이 거의 없다 해도, 오늘날에도 여전히 도메니코 기를란다요Domenico Ghirlandaio부터 라파엘로Raffaello Sanzio의 초기 작품에 이르기까지 무수히 등장하는 그 사랑스럽고 부드러운 풍경을 토스카나에서 찾아볼 수 있다.

보볼리 정원을 이야기할 때, 여러 시간 동안 나를 즐겁게 해 준 금붕어가 있는 분수 연못을 잊어서는 안 된다. 한 스위스 화가를 제외하고는 피렌체에서 나와 함께 이 금붕어들에 열광하는 사람을 찾지는 못했다. 연못을 가득 채운 큰 무리의 민첩한 물고기들에게서 특별한 기쁨을 느꼈다. 그들 중에서 나는 등지느러미에서 꼬리까지 거의 눈부신 진짜 금빛 줄무늬가 빛나는 멋진 형태를 많이 발견했다. 특히나 어린 금붕어가 가장 아름다웠다. 주홍색과 금색으로 빛나는 동물 무리가 하얗게 반사된 구름 위로 연한 녹색 물속을 헤엄치는 모습은 특별한 색채의 유희와 함께 재빠르고 우아하며, 여유로운 움직임으로 매혹적인 광경을 선사한다.

많은 도시를 돌아다니며 유명한 궁전들을 보았지만, 그 광경이 특별히 인상적이거나 신선하게 다가오지는 않았다. 도시에서 도시로 서둘러 이동하며 불안하게 여행 안내서인 『베데커』를 손에 쥔 채 분주히 따라다니는 사람들을 보며, 그들과 다른 여정을 택한 나를 떠올렸다. 그들은 무해한 산책이나 알려지지 않은 예배당을 방문하거나, 거리에서 즐거운 대화나 심지어 금붕어 연못을 보기 위한 15분의 여유도 없었다. 나는 그런 그들의 모습을 보고 가볍게 웃음 지었다.

나에게 그 활발하고 아름다운 물고기들은 점차 이 유명한 정원의 중요한 부분이 되었다. 그들에게서 미술관에서 얻을 수 있는 것만큼의 즐거움을 발견했다. 가령 햇살 비치는 물속에서 평범한 회색 물고기가 붉고 금빛을 띠는 물고기에게 다가설 때, 그 반짝이는 색을 닮아가는 모습은 매혹적이었다. 또한 빵 조각이나 작은 돌을 향해 금붕어 무리가 깊이 잠수하면, 그로 인해 많은 물고기가 급격하게 몸을 뒤틀며 작은 소동을 일으켰다. 그 모든 걸 지켜보는 일은 정말 즐거웠다.

만약 이런 이야기를 이탈리아 여행기에서 아무도 찾지도 사랑하지 않는다는 것을 내가 몰랐다면, 나는 비슷한 묘사를 더 많이 덧붙였을 것이다. 특히 새들에 대해서, 그리고 보볼리에서 많이 만났던 도마뱀들에 대해서 말이다. 그들은 영리하고, 친절한 사람을 좋아하는 성향으로 나를 종종 즐겁게 해주었다. 물론 내가 도마뱀과 놀기 위해 피렌체에 여행 온 것은 아니지만, 도마뱀이 주는 순수하고 즐거운 시간이 내 눈앞에 바로 있는데, 그것을 거부해야 할까. 최고급 예술 작품을 감상하는 일 다음으로 구름, 나무, 아이들, 동물과의 순진한 대화만큼 즐겁고 그리운 것은 없었다. 이런 사소한 일을 하는 동안 때때로 나는 대다수의 이탈리아 여행자가 『베데커』와 일주 티켓을 들고 서둘러 다니는 것보다, 즐거운 여행을 더 잘 이해하고 있다는 의식을 가졌다고 말해도 되지 않을까.

멀리서만 보이는 황홀

피렌체, 1901년 4월

아침 10시, 종탑에 올랐다. 여기서는 피렌체의 독특한 전망이 펼쳐진다. 특히 대성당 자체를 내려다보는 것이 아름답다. 그 구조와 천재적인 돔은 값을 매길 수 없는 건축적 광경이다. 그리고 도시의 수많은 성당과 탑, 문, 광장, 궁전을 볼 수 있다. 가장 높은 지붕에서 보면, 대성당 광장은 아주 작게 보이고 세례당은 마치 작은 상자처럼 보인다. 아래에 있는 많은 이들은 점처럼 움직인다. 대성당 돔의 십자가와 팔라초 베키오의 탑 꼭대기를 제외하면, 이곳이 도시에서 가장 높은 지점이다.

몇 주가 지나고 맞이한 오전은 오래도록 기억에 남는

다. 그날 오전의 찬란한 시간을 할 수만 있다면, 날마다 더 큰 감탄을 불러오는 피렌체 대성당Duomo di Firenze에 바치고 싶다. 본당에 잠시 머문 후 내부 돔 갤러리로 올라갔다. 이곳에서는 거대한 건축학적 광경이 펼쳐진다. 넓이와 높이 모두 인상적인 돔과 그 아래 깊숙이 보이는 성가대석과 중앙 본당, 그리고 아름다운 모자이크 바닥이 눈길을 사로잡는다. 아래의 사람들은 마치 조감도에서처럼 아주 작게 보인다.

외부 갤러리로 나가자 갑자기 햇살 가득한 도시와 성당, 궁전, 그리고 푸른 주변 풍경이 눈앞에 넓게 펼쳐졌다. 거대한 돔을 따라 더 높은 곳으로 올라가는 과정은 기술적으로 흥미롭다. 성당 첨탑 아래에 도달하면 이미 종탑보다 더 높은 위치에 있게 된다.

오늘은 공기가 매우 맑아 이곳에 서 있는 것만으로도 황홀하다. 사철나무인 사이프러스와 소나무 사이로 새롭게 돋아난 푸른 잎과 라일락꽃이 매력적으로 다가온다. 돔은 이미 상당한 높이에 이르러, 위에서 내부 갤러리를 내려다보는 광경이 특히 인상적이다. 아래에서는 미사가 진행 중이고, 많은 사제가 노래를 부르고 있었다. 이런 풍경 속에서 돔의 거대한 프레스코화들은 별다른 감동을 주지 않는다.

열두 번의 맑고 푸른 봄날 저녁

피에솔레, 1901년 4월

내가 피렌체에 머문 한 달 동안, 나는 피에솔레 언덕을 열두 번 정도 방문했다. 시원한 아침 시간, 뜨거운 정오, 맑고 푸른 봄날 저녁 나는 그곳에 있었다. 뜨거운 태양이 내리쬐는 날에 가파르고 먼지가 자욱한 비아 베키아 거리Via Vecchia를 올랐고, 회색빛의 비 오는 날에는 외투를 걸친 채 트램을 타고 올랐다. 그때마다 평온함, 맑은 공기, 휴일 같은 분위기를 느꼈고, 매번 풍경과 골목, 수도원의 새로운 매력을 발견했다. 피렌체에서 글을 쓰고, 보고, 듣는 고된 주간 동안, 조용한 산악 마을은 나에게 있어 사랑스러운 피난처이자 생기와 삶, 기쁨의 원천이 되었다.

나는 가능한 교외 거리의 먼지에서 빨리 벗어나기 위해

익숙하게 산 도메니코 수도원Convento di San Domenico까지 향했다. 빌라 메디치Villa Medici를 지나 대성당까지 빠르게 이어지는 가파르고 포장된 베키아 길을 특히 좋아했다. 여기서는 수도원 언덕까지 단 몇 분 만에 오를 수 있었다.

로마 유적지부터 빌라 벨라지오Villa Bellagio까지, 피에솔레는 다양한 시대의 매력적이고 흥미로운 요소를 가지고 있었으며, 가장 좋은 점은 과수원과 별장으로 뒤덮인 두 개의 웅장한 언덕 위에 자리한 아름다운 장소라는 것이다. 친근한 도시와 푸른 아르노계곡을 바라볼 수 있는 전망은 부드럽고 평온한 아름다움을 지니고 있지만, 세티냐노 길이나 로마 극장에서 가장 잘 볼 수 있는 산 너머의 전망은 이를 능가한다. 피렌체의 번잡한 도시와 관광객의 분주함에서 벗어나 이 높은 곳으로 도피한 이의 정신과 눈은 녹색 능선과 정원의 사이프러스 무리에서 기꺼이 만족스러운 휴식을 취한다.

여기서는 산 클레멘테San Clemente의 꿈결같이 황량하고 죽음처럼 조용한 계곡으로 갈 수 있었다. 계곡으로 가는 길은 볕에 달아 조금 뜨겁지만, 아름다운 이 길은 사람들이 거의 다니지 않았다. 그 길의 끝에 있는 다다르면, 그곳에서는 사람의 소리 하나 들리지 않는 채로, 몇 시간 동안 황무지에 누워 있을 수 있다.

피에솔레에서 가장 아름다운 장소는 수도원 언덕이다. 그곳에서 나는 종종 따뜻하고 늦은 오후를 보냈다. 대개 넓은 벽에 기대어 밀짚모자를 만드는 여인들과 거지, 아이들과 함께 이야기를 나누며 꿈같은 시간을 보냈다. 그곳에는 한 뿌리에서 자란 두 개의 줄기를 가진 장엄한 쌍둥이 사이프러스가 서 있는데, 두 개의 꼭대기가 풍성하게 흔들리면서도 검고 뚜렷하게 하늘을 향해 뻗어 있었다. 발아래로는 포도밭과 올리브 정원이 가파르게 바디아 성당Badia Fiesolana을 향해 밝고 아름다운 초록색 경사를 이루고 있다. 그 뒤로 피렌체가 있으며, 부드러운 색채로 빛나는 거대한 돔과 아름다운 종탑이 우뚝 솟아 도시를 지배하고 있었다.

팔라초 베키오의 가늘고 높은 탑이 그 뒤로 보인다. 대담하게 부풀어 오른 월계관으로 장식된 이 탑은 도시의 진정한 상징이다. 이 도시의 예술과 문화에서는 가늘고 긴, 남성적으로 엄격한 형태와 어느 정도 거친 건강함과 명료

함이 지배적으로 나타난다. 더 멀리 눈을 돌리면, 유명하고 칭송받는 장소들이 보인다. 바디아 성당의 뾰족하고 작은 탑, 산 로렌초 성당의 돔, 많은 성당. 도시 너머의 언덕에는 산 미니아토San Miniato가 작지만 밝게 빛나고 있었는데, 언덕길의 높은 사이프러스에 거의 가려져 있다. 도시와 연결된 곳에는 아름답고 길게 뻗은 카스치네 공원Parco delle Cascine이 있고, 아래로는 우아한 아르노계곡의 물줄기가 저 멀리 아름답게 반짝인다.

그곳에서 볼 수 있는 가장 아름다운 것은 맑은 하늘의 일몰이다. 나는 이 잊을 수 없는 광경을 다섯 번이나 즐겼으며, 그중 하루의 저녁이 특히나 아름답고 선명한 기억으로 자리한다. 4월 말쯤, 뜨겁고 빛나는 날의 저녁이었다. 카스치네에서 열린 축제가 도시 사람들과 이방인을 끌어들여, 이 언덕 위에는 몇몇 산책객들만 보였다. 나는 돌로 만든 벤치에 앉아 있었고, 주변에는 거지와 아이들이 있었다. 나는 자주 여기에 올라 그들과 잘 알고 있었고, 그들의 무해한 존재와 담소는 나에게 있어 항상 즐거움이었다.
여덟 살짜리 소녀가 내 무릎에 앉았다. 늙고 무뚝뚝한

거지의 손녀로, 토스카나 시골의 수많은 아름다운 아이 중 풍성한 금발을 가진 민첩하고 아름다운 아이로 유독 이방인의 눈에 띄었다. 소녀는 내게 전날 약속했던 캐러멜을 달라 했고, 깜빡 잊어버리고 온 나에게 한동안 진지하게 토라졌다. 하지만 이내 나와 오렌지를 나누는 것에 만족했다. 소녀는 오렌지를 각각 여섯 조각으로 나누어 하나는 나에게, 하나는 자신에게 번갈아 가며 나눴다. 달콤한 음식을 기다리는 작은 입에 내가 오렌지를 넣어 주는 동안, 밝으면서 진지한 아이의 얼굴을 보는 게 매우 즐거웠다. 오렌지를 먹는 동안 소녀는 나에게 여러 가지 이야기를 들려주었다. 새끼 고양이 두 마리의 죽음, 이모 집의 빨래 그리고 다른 중요한 일들에 대해. 그러면서 그 아이는 그 크고 예쁜 눈으로 나를 바라보았는데, 마치 만족감과 이름 모를 행복의 끝없이 깊은 곳에서 나를 바라보는 것 같았다. 바구니와 부채를 파는 이모도 밀짚 제품 꾸러미와 함께 그곳에 있었다.

오직 방랑을 위한 날

피에솔레, 1901년 4월

피에솔레는 화창하고 뜨겁게, 4월의 한낮이 빛나는 날개를 단 하늘과 함께 푸르게 빛나고 있었다. 제비꽃을 파는 소녀들이 골목에서 떠들고, 색색의 옷을 입은 이방인들이 로마 극장 주변을 배회하고 있었다. 광장에서 수도원으로 이어지는 따뜻하고 가파른 작은 길에는 밀짚 세공인들이 앉아 야외에서 일하고 있었다.

전망대 벤치 주변은 온갖 생기로 가득했다. 대다수가 금발의 머리카락을 가진 아이들이 잔디밭에 누워서 놀고 있었으나, 언제든 벌떡 일어나 슬픈 표정을 지으며 구걸할 준비가 되어 있었다. 밀짚 제품을 파는 몇몇 행상 아낙네들이 기대에 부풀어 서 있었고, 벽 바로 옆에는 잘생긴 청년이 망원경을 설치해 놓았는데, 2솔디과거 이탈리아 동전 단위만 내면 피렌체의 모든 집부터 토레 델 갈로Torre del gallo까지 볼 수 있었다. 아름다운 쌍둥이 사이프러스 주변으로 따뜻한 바람이 기분 좋게 살랑살랑 불고 있었다.

수도원에서 한 젊은 독일인이 내려오고 있었다. 그에게 기쁨과 열정이 가득했다. 그의 걸음은 가볍고, 즐거워 보였으며 눈은 빛났고, 팔은 흥분한 것처럼 휘적휘적 움직였다. 북쪽의 젊은이가 처음으로 봄의 피에솔레를 볼 때면 이렇게 되기 마련이다. 그가 로렌초 데 메디치Lorenzo de' Medici와 야코프 부르크하르트Jacob Burckhardt, 아르놀트 뵈클린Arnold Böcklin을 생각하며, 동시에 반쯤은 안타까운 마음으로 멀리 있는 고향을 생각하고 있다는 걸 알 수 있었다. 그는 소년 시절부터 들어오던, 그토록 동경했던 땅을 두 발로 밟고 있다. 이제 그의 발치에 피렌체가 펼쳐졌고, 주변에는 위대한 역사와 아름다움을 지닌 언덕과 별장, 정원이 그를 둘러싸고 있다. 그는 아직 도시로 돌아가지 말아야겠다고 생각하며, 오늘은 절대 일하지 말아야겠다고 느낀다. 이런 날은 오직 방랑을 위한 날이다. 그래서 그는 피에솔레를 천천히 거닐며, 오렌지를 사고 세티냐노로 가는 산길을 택한다.

봄에 이 길을 걷는 것은 정말 가치 있는 일이다. 도시는 사라지고, 곧 집이나 사람들도 보이지 않게 된다. 오직 다채로운 주변 경관과 푸른 들판, 풍성한 초원과 엄숙하고 아름다운 산맥들만 보인다. 그 사이로 메마른 어린 침엽수림 속에 회색빛의 외로운 빈칠리아타Vincigliata 성이 기묘하게 서 있다. 산책자의 마음은 편안했다. 꽃 피는 모든 나무가 산책자를 기쁘게 했고, 언덕 능선에 나타나는 모든 사이프러스는 그 강렬한 불타오름으로 산책자를 황홀하게 했다. 하지만 가장 아름다운 것은 마지막에 보였다.

그것은 아네모네였다. 물론 아네모네는 토스카나의 토종 꽃은 아니라 어디서나 볼 수 있지만, 이곳에서 특히 풍성하게 자라나 모든 봄날을 합친 것보다 더 아름답다. 꽃은 파란색, 빨간색, 하얀색, 노란색, 보라색을 띤다. 꽃잎이 크고 둥근 아네모네는 들판 전체를 덮고 있다. 아네모네에 대해 정말로 이렇게 말할 수 있다. '웃고 있다.'라고. 꽃들은 아이처럼 경이롭고 개방적이며 행복한 모습으로 세상을 바라본다. 드넓은 아네모네는 초원을 즐겁고 다채롭게 짜인 카펫으로 만든다. 이러한 풍경은 15세기 수많은 토스카나 그림에서 볼 수 있으며, 그 꽃들은 그 그림의 달콤하고 어린아이 같은 사랑스러움을 더욱 돋보이게 한다.

노을이 담긴 항구 도시

리보르노, 1901년 4월 19일

리보르노Livorno에 도착하자마자 항구로 발걸음을 옮겨, 작은 배를 타고 2시간 동안 바다 위를 떠다녔다. 저녁 무렵 맑은 바다를 가르는 여정은 매우 훌륭했다.

누오보 방파제를 따라 천천히 걸으며 돛단배들이 가득한 수평선과, 저 멀리 엘바섬을 포함한 여러 섬의 아름다운 풍경이 눈길을 사로잡았다. 바닷물을 손으로 떠 마셔 보기도 했다. 짭조름한 맛이 입안에 퍼졌다. 해안가에서 조개를 캐던 뱃사공을 만나 신선한 조개를 얻어먹었는데, 그 맛이 참 좋았다.

그 후, 등대에 올라섰다. 그곳에서 바라본 코르시카섬

과 엘바섬은 한층 더 선명하게 다가왔고, 망원경 너머로는 피사 대성당이 또렷하게 보였다. 도시의 모습은 나무에 둘러싸여 보이지 않았다. 활기찬 항구 도시를 거닐며 주홍빛으로 칠해진 배들이 바다에 반사되어 빛나는 모습을 보았다.

저녁은 기차역 근처의 식당에서 먹었다. 도시 안에는 '아미코 프리츠'라는 이름의 카페가 있었다. 돌아오는 길에 운하 위로 드리워진 아름다운 노을이 눈부실 만큼 황홀했다. 얼마 뒤 하늘에는 어느새 수많은 별이 가득 차 빛나고 있었다.

수년 전에 본 그림을 따라,
부드러운 그리움이 나를 떠나지 않네
꿈속에서 종종 멀고 가깝게 느껴지는
청춘의 방랑가 같은
잊혀진 꿈같이 익숙한 멜로디

태양은 지고 지친 빛으로 가득 차올랐네
먼 섬, 산들의 윤곽은 바랬지
안개와 하늘 속으로
그리고 무거운 파랑波浪은
기이한 박자로 일렁였네
내 어두운 어선의 가장자리를

노란 삼각돛이 무겁게 타올랐네
방파제 위로 충만한 빛이 미끄러졌네
성급한 아름다움으로 황금빛 바다 위를
그리고 마지막 붉은 광선을
저녁의 보랏빛 왕국으로 데려갔네

「리보르노 항구」

진정한 이탈리아의 삶

프라토, 1901년 4월 20일

정오가 되자 멋진 날씨에 더는 가만있을 수 없어, 아카데미아 미술관Galleria dell'Accademia을 떠나 프라토로 향했다. 여정은 온통 초원과 햇살, 그리고 봄날을 지나갔다. 프라토는 작고 멋진 도시로, 오래되고 견고하며 진정한 토스카나의 시골 도시다. 그곳에는 옛 피렌체처럼 오래되고 좁은 골목길이 많다. 나는 와인을 포함해 1리라과거 이탈리아 화폐 단위로 매우 푸짐한 점심을 먹었다.

주인과 독일 와인이나 이곳의 와인 등에 대해 많은 이야기를 나눴고, 마지막에는 내가 토스카나의 화이트 와인 품질에 대해 의심을 품고 있다고 하자, 나에게 무료로 달콤한 화이트 와인과 알레아티코Aleatico 한 잔을 주었다.

산타 마리아 델레 카르체리 성당Santa Maria delle Carceri은 아름답지는 않았지만, 흥미로웠다. 이곳 사람들은 편안하고 호기심이 많으며 대화를 즐기고 선량하다. 나는 오후 내내 거리와 광장을 돌아다니며 사람들과 이야기하고, 매력적인 정원과 오래된 중정을 구경했다. 그리고 지금까지 보아 온 풍경 중에서 진정한 이탈리아의 삶을 발견했다. 어제 보았던 시끄러운 리보르노와 이 만족스럽고 편안한 작은 시골 마을의 대조는 엄청났다.

소박하고 아담한 프라토 대성당Duomo di Prato은 아름다웠고, 화려하게 돌출된 설교단은 매우 독특한 인상을 주었으며, 동시에 웅장하고 아늑했다. 성당의 성가대석에는 프라 필리포 리피Fra Filippo Lippi의 프레스코화가 있었는데, 일부는 꽤 잘 보존되어 있고 아름다웠다. 특히 〈헤롯왕의 향연〉이 그랬다. 그리고 헤로이다Herodias는 그녀 그 자체로 멋진 인물이다. 성당 내부는 소박한 아름다움을 지니고 있었으며, 세 개의 아치형 통로와 아름다운 설교단이 있다.

산 니콜로 성당Chiesa di San Niccolò의 창가에서 나는 아름다운 흑발의 여성과 몇몇 이웃들과 이야기를 나누었다. 프라토에도 성당은 많았다. 나는 일부러 찾지 않고도 일곱 곳을 보았다. 성당 중 일부는 프라토의 녹색 대리석으로 아름답게 장식되어 있었다. 산 프란체스코 성당Chiesa di San Francesco에는 그림이 그려진 예배당이 있는 아름다운 회랑이 있었고, 그곳에서 제의실을 통해 다시 성당으로 돌아올 수 있었다. 광장에서는 공놀이하는 사람들이 있었는데, 그중 한 명은 진정한 예술가였다. 나는 그들을 오랫동안 지켜보고, 공놀이에 잠시 참여하기도 했다.

세월의 숨결을 간직한 도시

피스토이아, 1901년 4월 22일

오전 10시에 피스토이아Pistoia로 향했다. 첫 번째 목적지는 산 조반니 푸오리치비타스 성당Chiesa di San Giovanni Fuorcivitas이었다. 그곳은 고풍스러운 매력이 매우 흥미롭게 다가왔다. 그다음 대성당 광장으로 걸음을 옮겼다. 그곳에는 여러 역사적인 옛 건물이 모여 있었다. 대성당의 측면 예배당에는 로렌초 디 크레디Lorenzo di Credi의 두 성인과 함께 있는 아름다운 성모 마리아 그림이 걸려 있었다. 우아함을 담고, 로지아나 왕좌, 양탄자 등 장식적 요소와 어우러져, 예술적 완벽함을 담고 있었다. 하지만 대성당 내부는 크게 훼손되어 있어 아쉬움이 남았다.

도시 곳곳에서 피사 예술의 지배적인 영향을 느낄 수 있었다. 대성당의 현관에는 루카 델라 로비아Luca della Robbia의 작품이 몇 점 있었는데, 모두 훌륭했다. 팔라초 프레토리오Palazzo Pretorio의 안뜰은 그 자체로 웅장함을 뽐냈다. 투박함이 느껴지지 않았고, 화려운 문장으로 채색된 둥근 천장들이 그 곳을 장식하고 있었다. 팔라초 델 코무네Palazzo del Comune의 계단과 안뜰 역시 아름다웠다. 잘 만들어진 철제 랜턴과 아름다운 고딕 양식의 창문들이 고풍스러운 멋을 더 하고 있었다.

2층으로 이어지는 계단 왼쪽에는 천사가 그려진 프레스코화의 작은 흔적만 남아 있었다. 이런 식으로 세월의 흔적은 곳곳에 숨겨져 있었다. 덧칠된 작품들은 시간을 뛰어넘어 여전히 그 아름다움을 간직하고 있었다. 체포 병원Ospedale Del Ceppo에 있는 안드레아 델라 로비아Andrea della Robbia의 큰 테라코타 프리즈벽이나 건축물의 상단을 장식하는 띠 모양의 조각이나 그림는 활기차고 생동감 넘치는 색채를 띠고 있었다. 나는 오래된 성당들을 대부분 외부에서만 감상했지만, 매우 오래된 산탄드레아 성당Pieve di Sant'Andrea의 내부는 예외였다. 그곳의 화려한 설교단을 자세히 살펴보았다. 이 성당에서 나는 그 어느 때보다도 옛 예술의 매력에 사로잡혔다. 피스토이아는 작고 조용한 도시였지만, 평온한 분위기 속에 부유함이 느껴졌다. 그곳은 아름답고 비옥한 산지에 둘러싸여 있었다.

2장

÷

도시의 물길을 따르면
보이는 것들

예술적 기준에서 벗어나면 볼 수 있는 매혹

볼로냐, 1901년 4월 29일

볼로냐Bologna의 인상은 부유하고도 편안하게 여겨진다. 모든 거리에는 아케이드아치형 회랑가 있다. 나는 두 개의 매우 아름다운 광장을 지나 거대한 산 페트로니오 대성당 Basilica di San Petronio으로 갔다. 이 대성당은 내가 본 곳 중 가장 크고 빛이 잘 드는 곳으로 그 규모가 인상적이다. 주 출입문의 조각들, 특히 기둥의 부조가 아름답다. 대성당의 내부는 소박했다.

그다음으로 치비코 박물관museo civico의 화려하고 아름다운 기둥 중정으로 들어갔으나, 박물관에 들어가진 않았다. 아케이드가 있는 매우 활기차고 아름다운 거리를 걷는 건 멋졌고, 도시 전체가 생기 넘치며 매력적이고 독특했다.

나는 기울어진 '두 개의 탑'으로 향했는데, 그것들은 제정신이 아닌 것처럼 보이기도 했다. 그중 더 높은 탑은 매우 그림 같았다. 옆에는 바로크 양식의 산티 바르톨로메오 에 가에타노 성당Basilica dei Santi Bartolomeo e Gaetano이 자리 잡고 있었다.

볼로냐의 유명하고 좋은 요리는 그 명성을 입증했다. 식사 후 아카데미아Accademia di Belle Arti di Bologna로 향했다. 라파엘로의 〈성녀 체칠리아〉는 기대하고 갔으나, 기대했던 만큼의 인상을 받지는 못했다. 컬렉션의 좋은 작품들은 복도에 따로 놓여 있었다. 관리인은 귀도 레니Guido Reni, 안니발레 카라치Annibale Carracci 등 몇 안 되는 오래되고 좋은 작품들이 가득 찬 방을 보여 주었다. 페루지노의 〈성자들과 함께 있는 성모자〉 그림은 훌륭했다. 복도에는 오래된 액자에 담긴 반 데르 후스Hugo van der Goes의 작고 아름다운 성모 그림이 있었다. 그다음 벤티볼리오 예배당Cappella dei Bentivoglio이 있는 산 자코모 마조레 성당Basilica di San Giacomo Maggiore을 방문했는데, 모두 이류라는 인상이었다. 대신, 아늑하고 활기찬 거리는 매우 매력적이었다. 도시의 예술적 인상은 어딘가 허세처럼 여겨져 가짜 같은 면이 있었고, 그림 같은 건축물이 눈에 띄게 많았다.

사람들이 상상할 수 있는 성당 중 가장 매력적이고 아늑하고 독특한 곳은 산토 스테파노 대성당Basilica di Santo Stefano이다. 작은 성당 일곱 개가 서로 연결되어 있고, 좁고 오래되었지만, 낭만적인 회랑과 멋진 복도와 구석들이 많다. 피렌체의 예술적 기준에서 벗어나면, 볼로냐는 매혹적이다. 나는 베른을 포함하여 이렇게 많은 개성을 지닌 큰 도시를 알지 못한다. 특히 좋은 점은 아케이드가 현대적인 거리와 건물에서도 계속 이어진다는 것이다.

또한, 그림 같은 귀족 저택들이 많은데, 종종 여기엔 아름다운 중정과 작은 정원들이 딸려 있다. 내가 묵는 숙소도 오래된 건물로 멋진 안뜰과 환상적인 계단이 있었다. 모두 어둡고 좁은 구석이지만, 편안함을 주기는 충분했다. 거리에는 꽤 대도시의 삶이 펼쳐져 있고, 큰 상점들이 줄지어 있다. 많은 낭만적인 소설을 통해 친숙하게 알려진, 오래된 대학은 엄숙하고 한적해서 매력적인 인상을 주었다.

떠나기 전에 나는 멋진 플라타너스가 있는 아름다운 정원을 산책했다. 그곳에는 돌로 된 벤치 모두 체스판이 그려져 있었고, 많은 체커 게임이 진행되고 있었다. 선수와 구경꾼들은 이탈리아 특유의 열정으로 가득 차 있는 모습이었다.

불멸과 영원의 인상

라벤나, 1901년 4월 30일

첫 번째 방문지는 아주 오래된 네오니아노 세례당Battistero Neoniano이었다. 그곳의 돔 모자이크는 내가 처음 접한 초기 기독교 미술 중 가장 중요한 작품이다. 이 모자이크가 있는 세례당의 인상은 엄청나 한 번 보면, 잊을 수 없다. 대성당은 밝고 소박하며, 오래된 종탑이 훌륭하다. 대주교 관저에는 아름다운 모자이크가 있는 작은 예배당을 보았다.

아카데미 정원 뜰은 월계수, 전나무, 잔디로 가득 차 있었다. 다른 곳에도 오래된 회색 집들과 낭만적인 구석이 있는 작은 광장들이 있었다. 박물관으로 사용되는 산타폴리나레 인 클라세 성당Basilica di Sant'Apollinare in Classe에는 흥미로운 로마와 에트루리아 유물들이 많았고, 아름다운 상아 조각들, 몇 개의 아름다운 인장, 그리고 장식적으로 흥미로운 테오도리코 대왕Teodorico il Grande 갑옷 잔해가 있었다. 그리고 단테의 무덤이 있는 산 프란체스코 성당Basilica di San Francesco까지 나는 도시 전체를 거의 다 돌아다녔다.

모자이크로 가득한 산 비탈레 성당Basilica di San Vitale은 화려하다. 성가대석은 모자이크로 완전히 덮여 눈부시면서도 엄숙한 인상을 준다. 성당은 폐허처럼 보이고 종종 물이 고여 있는 곳이 있었다. 어쩌면 옆에 있는 갈라 플라치디아 영묘Mausoleo di Galla Placidia의 모자이크가 더 화려할 수도 있다. 그곳은 특히 파란 배경에 금색 모자이크가 아름답다. 이 모자이크의 독특한 효과는 아마도 수천 년 된 고대 양식과 색채의 풍부하고 새로운 광채 사이의 대비에서 오는 것 같다. 이로 인해 불멸과 영원의 인상을 준다.

정오 전에 산타폴리나레 누오보 성당Basilica di Sant'Apollinare Nuovo을 방문했는데, 주 예배당의 두 큰 벽이 금색 바탕의 모자이크로 덮여 있어 정말이지 장관이었다. 아폴리나레에는 유스티니아누스Justinianus의 모자이크 그림과 아름다운 고대 대리석 주교좌가 있는 작은 예배당도 있다. 근처에는 팔라초 테오도리코Palazzo Tedorico가 있다. 나는 다시 한번 산 비탈레 성당을 찾아가 모자이크를 감상했다. 날씨와 컨디션이 좋지 않아 불쾌했지만, 그럼에도 나는 라벤나에서 중요한 인상을 받을 수 있었다. 도시 자체는 오래되고 조용했으며, 완전히 쇠퇴하고 가난한 모습이었으나 여러 면에서 흥미로움을 느낄 수 있었다.

그림 같은 도시

파도바, 1901년 5월 1일

파도바는 볼로냐보다 훨씬 더 매력적이고 아늑하다. 많은 아케이드 거리가 있는 그림 같은 도시다. 멋진 에르베 광장Piazza delle Erbe과 프루티 광장Piazza delle Frutti은 지붕을 제외하고는 멋진 건물인 커다란 살로네Salone: 응접실로 분리되어 있다. 대성당은 밝지만, 매력이 없다. 대성당에서 나와 매력적인 중정과 홀을 지나 아름다운 로지아Loggia: 개방된 회랑 또는 복도가 있는 우니타 광장Piazza dell' Unità으로 갔다. 그곳에는 끔찍한 비토리오 에마누엘레Vittorio Emanuele 동상이 서 있었다. 거기에는 팔로초 델 카피타노Palazzo del Capitano와 고대 기둥도 있었는데, 이 모든 것이 그림 같은 분위기로 가득했다. 수많은 작고 오래된 다리들과 안테노르Antenor: 트로이 전쟁

영웅 중 한 명의 석관 등도 함께였다.

나는 산 프란체스코 성당의 회랑으로 향했다. 그곳은 단순하고 아름다웠다. 여러 아름다운 집과 중정을 둘러보고 산토 광장Piazza del Santo으로 향했다. 그곳에는 과시적일 정도로 큰 산탄토니오 성당Basilica di Sant'Antonio이 있었는데, 성당 앞에는 소박하고 당당한 〈가타멜라타 기마상〉이 서 있었다. 이 성당은 엄청나게 부유하다. 산토 예배당Cappella del Santo은 내가 본 첫 번째로 아름다운 고급 르네상스 작품이다. 성 안토니우스의 관은 계속해서 방문객들의 기도와 함께 만져지고, 입 맞추어진다. 나도 관을 만지고, 헌금함에 동전을 넣었다. 예배당 옆에는 바로크 양식의 묘와 초기 르네상스 양식의 묘가 나란히 있는데, 바로크의 연극적인 화려함 옆에서 후자의 소박한 아름다움이 눈에 띄게 대비된다. 예배당의 부조 중 일부는 매우 훌륭하며, 제단과 성가대석의 칸막이도 그렇다.

피에트로 벰보Pietro Bembo라는 이탈리아 시인의 묘도 흥미롭다. 고딕 양식의 회랑은 단순하고 아름답다. 나는 그것들을 둘러보고 도서관으로 올라갔다. 그런 다음 풀밭과 정원을 지나 녹지로 산책하러 나갔다가, 산타 주스티나 성당Basilica di Santa Guistina에서 다시 도시로 돌아왔다. 이 성당은 인상적인 비율을 가지고 있으며 무척이나 밝다. 성당은 아름답고 오래된 플라타너스가 있는 커다란 비토리오 에마누엘레 광장Piazza Vittorio Emanuele에 있다. 사실 성당 내부에서 큰 인상을 받은 곳은 파비아 카르투시오회 수도원, 피사와 피스토이아, 대성당이었다. 하지만 이들조차도 독일의 고딕 성당만큼 나에게 강렬하게 다가오지는 않았다. 물론 피렌체와 베네치아 궁전들과 필적할 만한 것은 없다. 나는 아름다운 궁전들을 많이 보았는데, 그 문을 통해 때때로 화려한 정원들도 보았다. 그리고 멋진 대학의 안뜰도 보았다.

식사 후 에레미타니 성당을 방문했는데, 그곳의 예배당에는 안드레아 만테냐Andrea Mantegna의 프레스코화가 부분적으로 빛나고 있었고, 좋은 빛 아래서 이를 감상할 수 있었다.

게으름, 사랑, 그리고 음악의 도시

베네치아, 1901년 5월

기차는 둑길을 따라 석호로 들어간다. 기차가 점차 석호로 들어가고 도시가 물에서 솟아오르는 모습을 본다. 베네치아로 가는 기차 여행만큼 흥미로운 것은 없다.

매우 흐린 날씨 때문에 추위에 떨며 도착할 수밖에 없었다. 그럼에도 이 도시는 말로 표현할 수 없는 매력을 발산한다. 가장 멋진 경험은 저녁에 높은 집들 사이로 완전히 고요하고 좁고 어두운 운하를 따라, 곤돌라를 타고 가는 것이다. 모든 것이 죽은 듯이 조용하고, 곤돌라의 물소리 외에는 어떤 발걸음 소리나 소음도 들리지 않는다. 베네치아에서 처음부터 걸어서 길을 찾는 일은 거의 불가능하다. 나의 숙소는 페니체 극장Teatro la Fenice 옆의 조용하고 작은 운하 위에 있다. 나는 지금 술집에서 이 글을 쓰고 있는데, 어떻게 숙소로 돌아갈지 모르겠다. 그러다 보면 또 길을 잃을 기회가 충분히 생기겠지.

이곳 여성들은 그림 같은 숄을 어깨에 두르고 있는데, 때로는 독특하고 약간 요염하게 걸친다. 팔과 허리를 감싸고 뒤로 길게 늘어지는 숄의 모습이 그렇다. 아름다운 얼굴을 많이 보았는데, 하나 같이 호감이 가고 차분한 유형이었다. 그들은 오직 눈에 생기와 표정을 담고 있었고, 전형적인 베네치아 헤어스타일을 한 채로 특별한 매력을 더하고 있었다.

다음날, 여전히 바다와 도시는 햇빛에 반짝인다. 나는 이제 팔라초 두칼레Palazzo Ducale와 산 마르코 대성당Basilica di San Marco을 이해하기 시작했다. 그림으로만 보던 이전에는 이해할 수 없었는데, 이제 그들의 전혀 일관성 없는 양식을 도시의 독특한 특성, 동방의 영향, 그리고 베네치아의 다소 연약하고 주로 장식적인 것에 중점을 둔 취향을 통해 설명할 수 있게 되었다. 회화 같은 인상은 정말이지 유일무이하다.

부라노섬의 레이스 학교Scuola di Merletti를 방문했는데, 그곳에서 약 200명의 베네치아 소녀들이 깨끗한 손으로 레이스를 짜는 광경을 볼 수 있었다.

토르첼로섬에서는 모자이크가 있는 오래된 성당을 방문했다. 저녁 7시 전에 산마르코 종탑Campanile di San Marco에 올라가서 맑은 저녁 빛 속에서 도시와 석호를 내려다보았는데, 석양 직전의 석호는 기름처럼 반짝이고 있었다.

조용한 수면 위로 떨어지는 빗방울

베네치아, 1901년

　베네치아 기차역의 넓은 역사에서 밖으로 나오면, 물로 이어지는 넓은 계단이 펼쳐진다. 마치 우리나라에 마차가 있듯이 곤돌라들이 그곳에서 기다리고 있다. "곤돌라! 곤돌라!"라는 외침과 함께 수많은 곤돌리에레가 몰려든다. 가느다랗고 검은 곤돌라 중 하나를 골라 부드러운 쿠션 위에 앉아 편안하게 흔들리며 이 운하의 낯선 세계로 조용히 들어간다.

　수많은 책에서 작가들과 시인들은 이 독특한 작은 물의 세계에 관해 이야기해 왔다. 나는 몇 가지 개인적인 경험과 분위기를 전하는 것으로 만족하겠다. 베네치아는 다른 어떤 도시보다 강한 매력을 발산했고, 나는 베네치아에서 보낸 짧은 3주 동안, 이 도시의 비밀에 깊이 빠져들 준비가 되어 있었다.

　숙소 근처의 길은 좁은 골목 하나만 있었다. 도시의 중요한 장소들로 가기 위해서는 큰 우회로를 거쳐야만 해서 나는 곤돌라를 자주 이용했다. 이 여정들 덕분에 일련의 친밀하고 사적인 인상을 얻게 되었다. 검고 가볍고 가느다란 곤돌라 그 자체와 조용하고 부드러운 움직임은 무언가 이국적이고 꿈같은 아름다움을 지니고 있었으며, 게으름과 사랑과 음악의 도시에 꼭 필요한 요소로 자리 잡고 있다. 베네치아에서 예술적인 장소를 방문하는 사람들은 특히 이 점을 높게 평가한다. 성당이나 궁전, 박물관에서 나오면 대개 주의를 요구하는 삶 때문에 섬세한 인상은 눈과 마음에서 잃어버리게 되지만, 여기서는 한 장소에서 다른 장소로, 또는 집으로 돌아가는 여정 동안 조용한 물 위에서 방해받지 않고 경험한 것들을 간직하고 음미할 수 있다.

　베네치아에서 도착한 지 얼마 안 된 어느 저녁이었다. 나는 숙소 창문에서 곤돌리에레를 불러 현관 앞에서 곤돌라에 올라탔고, 저녁 식사를 하려던 리알토 다리 근처를 목적지로 알렸다. 그날은 무더웠고 폭풍우가 다가오고 있었다. 높은 집들로 인해 어두워진 좁은 운하에는 어스름이 빠르게 찾아왔다. 지붕 위로 강한 폭풍 바람이 휘몰아치는 소리가 들렸지만, 우리가 있던 좁은 운하는 바람 한 점 없이 완벽하게 보호되는 것이 이상했다. 곤돌리에레는 열심히 노를 저었고, 나는 그에게 우리가 비가 오기 전에 도착하면 팁을 주겠다고 약속했다. 우리는 좁은 운하에서 더 좁은 운하로 들어섰고, 그곳은 이미 어둠이 짙게 깔려 있었다. 우리는 어두컴컴한 벽을 따라 빠르게 미끄러졌고, 두세 방울의 빗방울이 이미 검고 고요한 물을 향해 떨어졌다. 운하는 더 넓은 다른 운하로 이어졌고, 그곳은 바람이 그대로 통과해 먼 곳에서도 그 소리가 요란하게 들렸다.

우리가 운하 입구에 도착했을 때, 곤돌리에레는 방향을 틀려고 했지만 바람에 밀려났다. 다시 시도했지만, 몇 번의 고된 노력 끝에 포기해야 했다. 그래서 우리는 운하 모퉁이에서 완전히 고요한 물 위에 기다렸고, 우리로부터 불과 몇 걸음 떨어진 넓은 운하는 폭풍우에 휘몰아치고 있었다. 나는 곤돌리에레에게 다시 한번 시도해 보라고 격려했지만, 역시 실패하고 말았다.

 바로 그 순간, 짙은 어둠을 뚫고 희미한 빛이 번쩍였다. 그 뒤를 이어 폭우가 쏟아졌다. 나는 곤돌리에레에게 빨리 피하라고 외쳤고, 우리는 가능한 한 빨리 같은 운하로 되돌아가 가장 가까운 다리로 향했다. 우리는 곡선으로 휘어진 낮은 아치형 다리 밑의 완전한 어둠 속에 멈춰 섰다. 다리의 폭은 곤돌라의 길이와 정확히 맞았고, 나는 곤돌라 중앙의 어둠 속에 편안히 앉아 있었다. 곤돌리에레는 곤돌라를 벽에 고정한 채 내 옆에 서 있었다.

 양쪽에서 거센 비가 쏟아졌다. 몇 분의 평온한 시간이 지나고, 피난 온 두 번째 곤돌라가 우리 옆에 붙었고, 잠시 후 급히 세 번째 곤돌라가 합류했다. 곤돌라 세 대는 다리 아래 공간을 꽉 채웠다. 어둠 속에서 서로를 알아볼 수는 없었지만, 우리는 이 특별한 상황에 대한 외침과 농담으로 곧 함께 대화를 나눴다. 마치 도망친 새들이 작은 다리 밑으로 숨어든 것처럼 세 대의 곤돌라를 그렇게 모였고 어둠 속에서 친근한 대화가 오갔다. 그것은 15분 동안 신비한 동화 같은 분위기로, 동시에 즐거운 시간이었다. 이는 쏟아지는 비를 배경으로 한 친근한 노래처럼 내 기억에 남아 있다.

한번은 레덴토레 성당Chiesa del Santissimo Redentore에 갔다가 돌아올 방법을 생각하지 않고 곤돌라를 보냈다. 레덴토레는 길게 뻗은 주데카섬에 위치해 있고, 고정된 곤돌라 정류장이 없다. 잠시 후 성당을 나왔을 때 곤돌라를 찾을 수 없었다. 그 순간 유일하게 있던 한 선박의 선원에게 산 조르조섬으로 데려다 달라고 부탁했지만 헛수고였다. 다음 수상 버스는 1시간 뒤에나 올 예정이었고, 친구들은 산 마르코 광장Piazza San Marco에서 나를 기다리고 있었다.

그때 근처에서 한 어부의 돛단배가 지나가고 있었고, 내가 간절히 요청하자 그는 나를 태워 주었다. 적어도 한번은 그런 식으로 배를 타고 갈 수 있었다. 그 배의 주인들과 나는 리도섬의 작은 마을인 마라모코Malamocco와 베네치아 석호 남쪽 끝에 위치한 키오자Chioggia에 관해 종종 이야기를 나누었고, 매일 해수욕을 하던 리도섬에서 바라본 수평선 위 그들의 그림 같은 모습에 기뻐했다.

갈색빛이 도는 붉은 돛을 단 무거운 배는 은은하게 빛

나고 진줏빛의 무지개색으로 덮여 있는 석호를 빠르게 미끄러져 나갔고, 나는 예상보다 빨리 베네치아 본섬에 도착했다. 가는 길에 어부가 바구니에서 건네준 신선한 굴 한 줌을 먹었는데, 짭짤한 바닷물 맛이 나서 아주 맛있었다. 이 아침 보트 여행이 내게 얼마나 소중하고 가치 있는지 말로 다 표현할 수 없다. 나에게는 값을 매길 수 없는 즐거움으로 남아 있을 뿐이다.

화창한 날의 석호를 아는 사람이라면 나를 이해할 것이다. 평평한 물의 다채로운 반짝임, 팔라초 두칼레를 앞에 두고 짙푸른 하늘을 향해 꿈처럼 솟아오르는 도시, 눈부시게 빛나는 옛 세관 건물 도가나Dogana da Mar의 지구본과 그 뒤의 우아한 산타 마리아 델라 살루테 성당Basilica di Santa Maria della Salute의 돔, 거기에 씁쓸한 물의 향기, 붉은 돛의 반짝임, 큰 배들의 조용한 횡단. 이 모든 게 마치 꿈꾸듯 매혹적인 아름다움을 지니고 있었고, 물 위에 서 있는 경이로운 도시의 비현실적인 이미지는 맑은 구름 아래 무지개처럼 갑자기 사라져 버리지 않을까 하는 두려움을 몰고 오기도 했다.

베네치아의 달밤을 노래한 수많은 곡 중 하나를 떠올리면, 지금도 그 감동이 느껴진다. 맑은 5월의 저녁, 나는 몇 시간 동안 작은 광장을 배회하다가 성 테오도르 기둥 Colonna di San Todaro 아래에 앉아 쉬면서 밤하늘의 푸르름과 수면 위의 빛과 그림자의 변화를 몇 시간 동안 바라보고 있었다. 섬들 뒤로 아직 보이지 않는 달이 떠오르고 있었고, 주데카의 지붕선이 선명하게 드러났다. 마치 환상적이고 믿을 수 없는 장식처럼 물에서 솟아오른 산 조르조 마조레 성당 Basilica di San Giorgio Maggiore의 깊고 검은 실루엣이 하늘과 대비를 이루었고, 그로 인해 섬 전체의 풍경이 꿈처럼 비현실적으로 다가왔다.

그 사이로 어두운 물결이 거울처럼 매끄럽게 펼쳐졌고, 은빛 물결과 붉은 톱니 모양의 등불 빛이 번갈아 가며 드문드문 빛을 뿜었다. 이 모든 불확실하고 반쯤 보이는 아름다움 속에서 희미하게 드러난 세계는 마치 달이 떠오르는 것을 구원하듯, 미몽에서 깨어나길 기다리고 있는 듯했다. 저녁 음악의 마지막 선율이 이 산 마르코 광장에 울려 퍼졌고, 팔라초 두칼레의 밝은 이중 외관은 마치 두 가지 색 대리석이 낮 동안 머금은 햇빛을 간직한 듯 희미하게 반짝였다.

그때 산 조르조 종탑 바로 옆으로 크고 빛나는 달이 떠올랐다. 하얀빛이 탑과 성당 지붕 위로 뛰어오르듯 반짝였다. 석호는 부드럽게 떠다니는 달빛으로 덮였고, 작은 배들이 일으킨 잔물결은 빛을 일으키며 반짝였다. 나는 가장 가까운 곤돌라에 올라타 카날 그란데Canal Crande로 노를 저어달라고 외쳤다.

살루테 성당 너머, 자테레Zattere와 주데카 사이의 석호에서는 음악이 흐르는 배가 떠다녔다. 그들과 제법 거리가 멀어졌지만, 음악 소리는 희미하게나마 여전히 들려왔다. 바이올린과 기타 소리, 그리고 부드러운 달빛은 운하의 조용하고 높은 저택들보다 더 생생하고 실재적인 느낌으로 다가왔다. 운하의 그 저택들은 따뜻한 밤 속 조용하고도 창백한 달빛 아래 있었으며, 그들의 견고한 지붕 윤곽선은 뒤편의 짙고 파란 하늘로 인해 희미해졌다. 저택 중 한 곳은 세 개의 창문에 불이 켜져 있었고, 그곳에서는 아름다운 여성의 노랫소리가 흘러나왔다. 나는 곤돌라를 잠시 멈추게 하고 그 흐름결을 감상했다. 그 노래는 밤의 달빛과 하나가

되어 이 부드럽고 아름다운 시간에만 속해 있는 것 같았다.

피아제타Piazzetta로 돌아와 산티 조반니 에 파올로 성당 Basilica dei Santi Giovanni e Paolo으로 향했다. 곤돌라는 조용히 잠든 운하를 지나 탄식의 다리Ponte dei Sospiri 아래를 통과했다. 곤돌리에레는 반쯤 노래하는 듯한 외침으로 운하 굽이에서 마주치는 곤돌라에게 피하라고 외쳤다. 외국인에게는 이해하기 어려운 이 외침들이 밤의 거리와 운하의 적막 속으로 사라졌다.

산티 조반니 에 파올로 성당에 나는 잠시 하차했다. 작은 광장은 달빛으로 환했고, 스콜라 디 산 마르코Scuola di San Marco의 아름다운 파사드는 눈에 띄게 빛나고 있었다. 웅장한 〈콜레오니 기마상〉이 하늘을 향해 엄숙하게 서 있었다. 도전적인 아름다움을 지닌 이 15세기의 거대한 기념물은 부드럽고 음악적인 아름다움을 지닌 여느 베네치아의 모습과 놀라운 대조를 이루고 있다. 오늘 이 대조가 특히 눈에 띄었다.

라벤나를 제외하고 내가 이탈리아에서 방문한 모든 도시 중에 베네치아는 위대한 과거의 몰락에 대해 가장 많은 슬픈 생각을 불러일으키는 곳이다. 그러나 여전히 베네치아는 다른 어떤 도시보다도 수 세기 동안 변하지 않는 아름다움을 간직하고 있다. 완전히 고립된 독특한 삶의 매력, 석호의 광채, 여성들의 아름다움, 그리고 곤돌라의 매혹적인 시가 여전히 남아 있다. 나는 오늘날의 삶과 베네치아의 황금기 예술 작품에서 말하는 삶이 하나가 되는 것을 다른 어떤 도시에서도 찾지 못했다. 그 속에서는 태양과 바다가 모든 역사보다 더 본질적인 것이다.

석호의 마법

베네치아, 1901년

내가 탄 곤돌라는 산티 조반니 에 파올로 광장Campo Santi Giovanni e Paolo 근처의 좁은 운하를 천천히, 소리 없이 나아갔다. 서로를 향해 기울어진 높은 박공지붕 위로 밝고 뜨거운 정오의 하늘이 푸르게 빛나고 있었지만, 이리저리 좁고 떨리는 햇빛 줄기는 좁은 운하의 짙은 녹색의 흐릿한 물 위로 떨어질 뿐이다.

이름 모를 궁전들의 퇴색한 외벽들이 양쪽에서 조용하고 엄숙하게 서로를 마주하고 있고, 고딕 양식의 성합聖盒 안에 있는 회색 성모 부조가 긴 궁전 벽 평면의 단조로움을 깨고 있었다. 어떤 발걸음과 그 어떤 소리도 이 침묵을 깨뜨리지 않았다. 달빛이 비치는 한밤중보다도 더 조용하고,

더 깊고, 더 신비롭게 베네치아가 동화 같은 조용한 영광의 꿈으로 자신을 장식하는 시간이다. 운하는 죽은 듯 조용하고, 엄숙하게 높은 궁전들을 감싸고, 태양은 버려진 대리석 우물 입구와 성당 계단 위에서 눈부시고 하얗게 타오르며, 넓은 석호는 순간적으로 타오르는 색채의 유희 속에서 떨리고 있었다. 갈색 진흙 둑들이 자주색, 파란색, 보라색의 색채로 덮이는 시간이다.

부드러운 물빛의 춤

베네치아, 1901년 5월

    5월의 어느 아침, 베네치아의 석호가 내 눈앞에 펼쳐지며 행복의 한 장면처럼 마음속 깊이 자리 잡았다. 그날 나는 대부분의 시간을 온전히 석호를 바라보며 보냈다. 처음으로 자연이나 예술의 특별한 조각이 선명하고 투명하게 내 앞에 펼쳐지는 경험을 했다. 그 아름다움을 창조하는 정신을 생생하게 따라가는 일은 주의 깊은 관찰력이 필요하다. 그리고 그 순간만큼 행복한 일은 없다. 우리가 종종 무심코 지나쳤던 풍경, 구름, 그림들이 이런 순간에는 갑자기 창조적 사고의 산물로 놀랍게 다가온다. 이때, 숙련되고 부지런한 관찰자는 아름다운 대상 앞에서 마치 자신이 창조자가 된 듯한 감각을 느끼며, 행복한 이해를 통해 그 과정에 동참하게 된다. 이는 마치 책이나 음악을 완벽히 이해한 순간 느끼는 깊은 행복과 같은 감정이다. 그때 예술 작품은 당신의 소유가 되고, 당신은 시인이 된 듯한 기쁨을 맛보게 된다.

산 세바스티아노 성당Chiesa di San Sebastiano 문이 내 뒤로 닫혔다. 밖으로 나왔을 때, 나는 문득 파올로 베로네세Paolo Veronese를 이해하고 사랑하게 되었다. 다른 베네치아 화가들의 작품보다도 베로네세의 작품은 친숙한 현지의 공기와 환경을 이해해야 온전히 즐길 수 있다. 팔라초 두칼레에서 단지 부분적으로만 다가왔던 즐거움이 이제 산 세바스티아노 성당에서 완전히 펼쳐졌다. 화가의 무덤을 둘러싼 벽과 천장에서 풍부한 색채가 작품 속에 온전히 스며들어 있었다.

곤돌라가 문밖에서 기다리는 동안, 석호에서 나와 머리가 아직 물의 향기로 촉촉이 젖은 채로 이 작품들을 감상해야 한다. 그러면 작품들은 마치 부드러운 꿈처럼 걱정 없이 모습을 드러내고, 석호 도시의 잠자고 있는 풍요로움 속에서 풍성하고 무책임하게 솟아오른 그들의 진정한 언어, 즉 걱정 없는 삶의 충만함, 아름다움과 즐거움의 언어가 들려온다. 작품 속에는 베네치아 전체가 반영되어 있다. 유동적인 윤곽선의 세계, 파도 소리가 동반되는 꿈결 같은 음악의 세계, 달콤한 윤기의 세계, 푸르고 흐린 물에 비치는 저녁노을의 세계, 육지의 폭풍으로부터 물의 띠로, 그리고 바다의 폭풍으로부터 섬들의 띠로 보호받아 풍요로운 현재의 즐거움 속에서 흔들리는 세계가 담겨 있다. 이 풍부하고 빛나는 예술의 일면 앞에서는, 더 이상 초기 토스카나 화가들의 야위고 멜랑콜리한 천사들이나 가난, 삶의 투쟁, 거친 자연, 죽음과 고통을 묘사한 위대한 거장들의 모든 작품을 이해할 수 없게 된다.

산 세바스티아노 성당에서 곤돌라는 몇 분 만에 카날레 델라 주데카Canale della Giudecca라 불리는 운하에 도착한다. 길게 줄지어 있는 집들 위로 산테우페미아 성당Chiesa di Sant'Eufemia과 레덴토레 성당이 우뚝 솟아 있고, 오른쪽으로는 사카 산타 비아지오Sacca Santa Biagio를 지나 푸리나Furina로 가는 중기선 노선이 있고, 왼쪽으로는 산 조르조섬이 모든 풍경을 매듭짓고 있다. 나는 곤돌리에레에게 해안을 따라 천천히 오른쪽으로 가자고 했다. 크리스탈처럼 맑고 투명한 햇살이 가득한 아침이었고, 솜털 구름이 푸른 하늘에 눈처럼 하얗고 얇게 줄무늬를 이루며 떠 있었다. 안개가 없는 맑은 하늘로 구름의 선명한 색이 깨끗하게 수평선까지 펼쳐졌다. 물 위로 가벼운 바람이 불어 거의 눈에 띄지 않게 찰랑였고, 밝은 녹색 바탕 위로 놀라운 색채의 유희가 펼쳐져 내 모든 신경은 그곳으로 향했다. "천천히, 더 천천히!" 나는 계속해서 곤돌리에레를 향해 외쳤고, 그 외침은 산토 스피리토 성당 Chiesa di Santo Spirito에 도착했을 때 멈추었다.

물결의 반짝임이 나를 끌어당길 때마다, 곤돌라를 오른쪽이나 왼쪽으로 돌리라고 손짓했다. 라인강의 색과 매우 유사한 밝은 녹색을 띠고 있는 석호의 물은 완전한 반투명의 보석, 특히 오팔과 매우 닮았다. 잔물결에 비치는 빛은 매우 흐릿하지만, 반대로 흐릿한 표면에서 놀라울 정도의 빛을 일으키기도 한다. 이 우윳빛의 표면이 이토록 빛에 민감하다니, 놀라웠다. 태양은 균일하게 그 물결 위로 탁한 광채를 내리쬐었고, 배나 노 젓는 동작으로 물결이 부서지며, 눈부신 황금빛 불꽃으로 타올랐다.

하지만 움직이지 않는, 거의 거울처럼 매끄러운 석호도

끊임없이 색채로 가득 차 있었다. 그 모습은 열린 바다와는 전혀 다른 방식으로, 가장 생생한 색조조차도 결코 바닷물의 맑고 투명한 색채를 띠지 않았다. 모든 색이 마치 우윳빛처럼 옅어지고, 더욱 섬세하게 더욱 순간적으로 물들어갔다. 베네치아가 바다 한가운데 있었다면, 더는 베네치아가 아니었을 것이다.

그날 아침, 나는 바다와 석호의 엄청난 차이를 느꼈다. 바다의 출렁임은 신선하고 환희에 찬 색채를 띠고 있다. 그 색채는 베네치아의 가장 고유한 장식을 빼앗아 갈 것이다. 색채의 베일에 싸인 듯한 꿈결 같은, 모습을 드러내지 않은 채 은은히 빛나는 특성을 말이다. 많은 베네치아 화가, 특히 뛰어난 크리벨리와 보르도네가 그들의 그림에서 보석, 공단, 벨벳, 비단의 정제된 다채로운 매력을 특별한 애정과 완벽한 정교함으로 추구한 것은 우연이 아니다. 그들은 석호에서 매 순간 그처럼 독특한 소재의 매력을 바로 눈앞에 두고 있었던 것이다.

가장 눈에 띄는 것은 빛과 움직임의 영향으로 쉽게 드

러나는 무지개색의 유희였다. 마치 숨결처럼 부드럽고, 작은 파도가 일렁이자 전율이 흐르듯 나타났다. 나는 이 찰나의 아름다운 숨결을 수없이 지켜보았다. 그리고 주홍색으로 칠해진 큰 화물선이 천천히 지나가는 것을 보며 특별한 즐거움을 느꼈다. 그 강렬한 붉은색은 보통 물에 잘 반사되지 않지만, 물결을 거의 강제로 밀고 들어왔다. 그 색은 물결에 섞이지 않고 그대로 반짝였다. 녹청색의 불확실한 진줏빛 색조가 어우러진 가운데, 확고하고 유일하게 눈에 띄는 색조였다. 그러나 석호 전체로 보면 내가 서 있는 낮은 시점에서는 알 수 없었던, 또 다른 중요한 색채 요소가 있었다. 그것은 얕은 수심의 진흙 지대와 진흙으로 된 말뚝으로, 수위가 높을 때도 한눈에 보여 선박에 항로를 안내해 준다.

배 위에서도 이 지대들은 깊은 물과 다른 색을 띠어 구분된다. 석호 전체를 조망하기에는 산 조르조 마조레 성당의 종탑에서 보는 것이 가장 잘 좋다. 흐린 날에는 이 지대들이 대개 녹슨 갈색이나 칙칙한 회색빛 녹색을 띠지만, 햇빛 아래에서는 균일하게 녹색인 석호 속에서 반짝이는 색색의 섬들처럼 보였다. 태양과 구름이 빠르게 색을 변화시키기 때문에, 맑은 하늘 아래 종탑에서 이 지대를 바라보는 것은 색다른 즐거움이다. 나는 거기서 무광택의 적갈색, 강렬한 진홍색, 더 먼 곳은 푸른색에서 짙은 보라색에 이르는 빛을 보았다.

언젠가 나는 정오의 찬란한 순간, 그곳에 서 있었다. 밝게 빛나는 도시가 세 개의 푸른 정원을 품고 뜨거운 태양 아래 고요히 놓여 있었다. 석호는 다채로운 돛을 품고 부드럽게 반짝였으며, 진흙 둑들은 변덕스럽고 강렬한 색채로 불타오르듯 보였다. 아마 여행을 마치고 무거운 마음으로 베네치아와 이탈리아를 떠나는 순간, 모든 예술적 즐거움보다도 그 오전의 석호에서 보낸 빛나는 시간이 내 마음에 오래도록 남을 것이다.

3장

✣

예술이 깃든 순간

우피치 미술관에서의 단상

피렌체, 1901년 4월

─┼─ 1901년 4월 1일

우피치 미술관Galleria degli Uffizi에 들어서자마자 화가들의 초상화가 있는 아래층 전시실을 둘러보았다. 그중 내가 좋아하는 필리피노 리피Filippino Lippi, 렘브란트Rembrandt van Rijn, 티치아노, 안드레아 스키아보네Andrea Schiavone가 있었다. 거기에는 루벤스의 큰 자화상도 있었는데, 대담하고 화려하게 빛나고 있었다. 다음으로 벨라스케스Diego Velázquez의 작품이 있었다. 내 눈길을 끈 현대 미술 작가들은 휴버트 폰 허코머Hubert von Herkomer, 조지 프레데릭 왓츠George Frederic Watts, 존 에버렛 밀레이Sir John Everett Millais였다.

위층 복도에는 고대 유물들이 있었다. 위층의 첫 번째 전시실에는 반 데르 후스의 훌륭하고 커다란 작품이 순수하게 빛나고 있었다. 옆에는 보티첼리Sandro Botticelli의 사랑스러운 성모상이 있다. 보티첼리의 〈동방박사의 경배〉는 매우 극적인 움직임이 있지만, 비현실적인 암석 묘사가 그림의 전체적인 분위기를 해치고 있었다. 매우 유사하지만, 더 조밀한 구성으로 같은 주제를 다룬 필리피노 리피의 작품이 있고, 그 옆에 걸린 그의 큰 성모 그림은 다소 실망스러웠다. 순수한 기를란다요 작품이 특히나 신선하게 다가왔다.

우피치 미술관을 나갈 때는 로지아에서 잠시 기다리며, 눈이 거리의 빛에 다시 적응할 때까지 기다리는 것이 좋다. 그렇지 않으면 끊임없이 붐비는 시뇨리아 광장Piazza Signoria의 바쁜 인파 속에서 사고를 당할 수 있다. 나는 두 번이나 아슬아슬하게 그런 일을 겪을 뻔했다.

다음으로 대성당과 로렌초 기르베티Lorenzo Ghiberti가 만든 세례당 문인 〈천국의 문〉을 보았다. 종탑이 있는 대성당은 압도적으로 웅장했고, 특히나 그 색채가 인상적이었다.

그리고는 아르노강의 양쪽과 다리들을 산책했다.

✝ 1901년 4월 2일

다음 날, 나는 한동안 반 데르 후스의 커다란 경배 그림 앞에 머물렀다. 이 작품은 무척이나 나를 끌어 당기는 힘이 있었다. 오른쪽 측면의 날개 풍경은 이상하게도 씁쓸하고 달콤한 봄을 품고 있다. 다음으로는 보티첼리 전시실로 갔는데, 거기에는 〈찬가의 성모〉, 〈수태고지〉, 〈불굴의 용기〉 등이 있다. 같은 공간에 로렌초 디 크레디의 아름다운 작품들과 기를란다요의 매우 다채롭고 활기찬 경배 그림이 있는데, 기를란다요의 순진한 기쁨은 보티첼리의 작품 옆에서 더욱 두드러진다. 이 작품은 옆에 걸린 다른 보티첼리의 작품을 훨씬 능가한다. 다른 어떤 보티첼리 작품에서도 찾아볼 수 없는 색채의 부드러움과 광채를 지니고 있다. 내가 생각할 때, 이 작품은 따로 독립된 방을 가져야 한다. 〈찬가의 성모〉는 그 어떤 기대를 하고 가도, 실망감을 주지 않는다.

작은 토스카나 전시실에는 무명 작가들의 아름다운 초상화 몇 점이 있다. 우피치 미술관의 가장 훌륭한 초기 초상화들은 항상 '작가 미상'의 작품들이다. 보티첼리의 〈아펠레스의 중상모략〉과 아주 작고 매력적인 베아토 안젤리코Beato Angelico의 작품도 있다. 우피치 미술관에 있다고 하는 보티첼리의 〈비너스의 탄생〉은 아직 찾지 못했다.

트리부나 전시실에서는 모든 작품, 심지어 티치아노 작품조차도 라파엘로의 〈검은 방울새의 성모〉에 의해 가려진다. 이 그림은 내가 여태까지 본 모든 작품을 능가하며, 이 작품 하나만으로도 이 여행을 가치 있게 만든다. 이 작품 옆에서는 티치아노의 여인 초상화들이 거의 평범하게 보인다. 트리부나에서 나는 페루지노의 〈성모〉도 좋아하게 되었다.

전체적으로 볼 때 트리부나 전시실은 시실 실망스럽다. 수준이 낮은 작품도 있고, 작품 대부분이 배치가 잘되어 있지 않았고, 공간도 너무 협소하다. 〈칼을 가는 사람〉과 〈레슬러〉는 그곳의 혼잡함 속에 놓여 있는 것이 아쉽게 여겨졌다. 이곳에 있는 미켈란젤로Michelangelo의 〈성가족〉은 기술적으로는 뛰어나지만, 모든 분위기가 결여되어 있고 색감도 특별하지 않다.

※ 1901년 4월 3일

그다음 날, 다시 우피치 미술관으로 향했다. 먼저 헤르마프로디테의 방으로 걸음을 옮겼다. 헤라, 죽어가는 알렉산더, 강력하고 아름다운 파우노스의 토르소, 부조들이 눈에 들어왔다. 다음은 니오베의 방. 드로잉 전시실에서는 라파엘로, 리피, 안드레아 델 사르토Andrea del Sarto, 특히 미켈란젤로의 〈클레오파트라〉의 작품을 보았다. 보티첼리의 작품은 찾지 못했다. 바로치 방에는 바로치Federico Barocci의 커다란 〈백성들의 성모 마리아〉, 스나이더스Frans Snyders의 〈멧돼지 사냥〉, 반 다이크의 작품 등이 있지만, 크게 중요하지는 않다.

아래층 연결 복도에서는 최후의 만찬, 마르칸토니오 라이몬디Marcantonio Raimondi의 동판화를 보았다. 그리고 제라르 오드랑Gérard Audran, 제라르 에들랑크Gérard Edelinck, 자크 칼로Jacques Callot, 폰치오의 크고 화려한 동판화가 있었다. 그리고 렘브란트의 에칭 판화 작품인 〈십자가에서 내림〉, 〈100 굴덴〉, 〈에케 호모〉, 〈사자 사냥〉뿐만 아니라 풍경화와 자화상, 초상화까지 볼 수 있었다. 렘브란트 작품의 아름다운 컬렉션은 이탈리아 작품들 옆에서 내게 강한 인상을 줄 수 있었던, 유일한 네덜란드 작품이었다.

미술관 창문에서 아르노강을 바라보았다. 아르노강은 푸르고 물이 풍부하며, 바젤의 라인강과 꽤 비슷했다. 오래된 작은 집들과 보석상이 있는 베키오 다리는 매우 그림 같다. 이제 나는 우피치 미술관 전체의 규모를 알게 되었고, 덕분에 길을 찾고 계획을 세울 수 있다. 사실 우피치 미술관만으로도 4주 정도 머무를 이유가 충분한 곳이다. 그다음 〈찬가의 성모〉와 〈검은 방울새의 성모〉를 30분 더 보았고, 트리부나에서 훌륭한 9세기 〈레슬러〉 조각상을 감상했다.

트리부나에 있는 〈젊은 여인의 초상〉이 라파엘로가 아닌 세바스티아노Sebastiano del Piombo의 작품이라는 것은 첫눈에 명확해 보인다. 물론 공식 안내판은 그것을 라파엘로의 작품이라 표시하고 있다. 떠나기 전, 아래층에 있는 두 개의 렘브란트 초상화를 다시 보기 위해 들렀다.

✢ 1901년 4월 14일

열흘 만에 다시 찾은 주말의 우피치 미술관에서는 평일과는 사뭇 다르게 차려입은 노동자들과 장인들도 볼 수 있었다. 그들이 그림을 보는 방식과 조용한 태도는 영국, 독일의 군중과는 좋은 대조를 이룬다. 파르미자니노 Parmigianino의 작품으로 여겨지는 초상화는 젊은 남성들을 그려냈는데, 진지하고 어두운데 깊이 있는 초상화의 모습을 하고 있다.

네덜란드 화가들의 전시실 중 한 곳에는 캥탱 마시 Quentin Massys의 훌륭한 이중 초상화가 있고, 한스 멤링 Hans Memling의 〈왕좌에 앉은 성모자와 두 천사〉가 있다. 이 작품은 유리로 보호되어 있는데, 놀랍도록 신선하고 화사한 색채와 풍부한 장식, 아름다운 과일 화환이 특징적이다. 옆에는 색감이 활기찬 느낌을 주진 않지만, 놀랍도록 정확한 세부 묘사가 특징인 반 데르 후스의 왕좌에 앉은 마리아 그림이 있다. 금빛 브로케이드_{다채로운 무늬를 부직으로 한 문직물}, 보석 도금 장신구, 자수 등은 크리벨리의 작품에서 볼 수 있는 것과 비슷하지만, 약간 더 차가운 인상을 준다. 이 작은 그림에는 공작 깃털, 화려한 검 손잡이, 금빛 술, 펼쳐진 책, 아름다운 제본과 모서리가 금박으로 처리된 책 등이 훌륭하게 묘사되어 있다. 하지만 재질, 특히 벨벳 옷감의 질감은 거의 실제와 구분되지 않을 정도다. 머리카락도 열심히 그렸으나 재질에 대한 감각이 부족하다.

회랑에 있는 것 중 가장 눈에 띄는 작품은 모두 토스카나의 무명 화가들 것이다.

당신의 아름다움이
예술 속에 드러나게 하소서

피렌체, 1901년 4월

╬ 산타 마리아 델 카르미네 성당 I, 1901년 4월 7일

카르미네 성당은 아름다운 돔을 가지고 있다. 이곳에는 귀중한 필리포 리피와 마사초Masaccio의 프레스코화가 예배당에 있다. 마사초의 〈낙원에서의 추방〉은 단순하지만 강렬하고 고귀하다. 리피의 프레스코화 중에서 특히 눈에 띄는 것은 잠자는 젊은 베드로의 수호자를 그린 작품으로 믿을 수 없을 정도로 생동감을 주는 매력을 품고 있다. 리피의 작품 〈베드로의 십자가형〉은 문의 아치를 통해 먼 풍경의 아름다움을 보여 주며, 같은 문에 있는 젊은이 무리 속에 리피 자신의 얼굴이 풍부한 표정으로 그림 밖을 바라보

고 있다. 햇빛 한 줄기가 오른쪽 벽에 떨어졌고, 나는 그 빛이 아름다운 베드로의 수호자에게도 닿을 때까지 기다렸다. 그러자 고귀하게 조각된 듯한 머리가 부드러운 색조로 도드라지며 나타났는데, 이는 무척이나 매력적인 광경이었다.

✝ 산타 트리니타 성당, 1901년 4월 9일

토르나부오니 거리에 있는 아주 오래된 산타 트리니타 성당Basilica di Santa Trinita에 방문했다. 이곳에는 막달라 마리아의 목조 조상影像과 기를란다요의 프레스코화로 장식된 훌륭한 예배당이 있다. 석관 벽감 주변에 아름다운 부조가 있고, 같은 예배당의 제단화는 아카데미아 미술관에 있는 기를란다요의 경배 그림을 현대적으로 복제한 것으로 보였다. 그 작품은 화려한 액자에 들어 있었다. 왼쪽 예배당에는 왕좌에 앉은 성모와 성인들의 모습을 한 이름 없는 제단화가 금빛 배경 위에 있는데, 매우 순수하고 아름다운 프레델라제단화의 하단부가 함께였다.

☩ 산타 마리아 노벨라 성당 I, 1901년 4월 9일

산타 마리아 노벨라 성당은 화려하지만, 잘 보존되지 않은 대리석 피사드를 가지고 있다. 옆의 회랑에는 묘지가 있고, 외부는 흑백 대리석이 현대적으로 아름답게 복원되었다. 제단화들은 후기 작품이며 그 사실은 그리 중요하지 않다. 루첼라이 예배당에 있는 커다란 치마부에Cimabue의 작품은 안타깝게도 빛이 전혀 없어 약간의 위엄만 느낄 수 있었다.

예배당이 너무 어두워서 다른 그림과 묘비는 볼 수 없었다. 성가대석은 빛이 더 잘 들어왔는데, 여기에는 기를란다요의 아름다운 프레스코화가 있다. 왼쪽에는 마리아의 생애가, 오른쪽에는 요한의 생애가 그려져 있다. 특히 아래쪽 창문 모서리에 있는 마리아의 탄생 장면이 매혹적이었는데, 화려한 실내와 특히 풍성하고 생생한 아기 천사 장식이 인상적이었다. 이 멋진 프레스코화들 각각이, 아니, 많은 얼굴이 큰 인상을 주었고 마치 어제 그린 것처럼 신선했다. 그중에는 의심할 여지 없이 많은 초상화가 있어, 건축, 의상과 함께 15세기 피렌체의 생생한 모습을 볼 수 있다.

위쪽 그림들은 보존 상태가 좋지 않아 보기 힘들었다. 〈요아킴의 추방〉에서는 성전의 풍부한 르네상스 건축이 보이고, 그 외에도 피렌체의 궁전 양식의 많은 파사드가 보이는데, 여기서 자주 볼 수 있는 것처럼 맨 위층에 로지아가 있다. 기를란다요의 〈방문〉 작품 속 왼쪽으로는 아름다운 여인 셋이 있고, 같은 곳에 담장 난간 너머로 내려다보며 등을 그림 쪽으로 돌리고 있는 생동감 있는 소년 둘과 아름다운 나무 두 그루가 있다.

〈세례자 요한의 탄생〉 장면에서는 과일 바구니를 든 채 서두르는 전형적인 하녀의 모습과 아쉽게도 짐작만 가능한 배경의 풍경이 그려져 있다. 왼쪽 측랑에는 오르카냐의 큰 프레스코화가 있는데, 다소 경직된 신비주의 속에서 매우 잘 그려진, 아름다운 움직임을 느낄 수 있는 몸들이 눈에 띈다. 이 프레스코화는 완전히 단테식의 어두운 신비주의 효과를 자아낸다.

마지막으로 산타 마리아 노벨라 전체를 산책했다.

✝ 바디아 성당, 1901년 4월 11일

팔라초 바르젤로의 맞은편에 있는 바디아 성당에 방문했다. 측면 예배당에 리피의 아름다운 작품이 있다. 〈성 베르나르도 앞에 나타난 성모〉 그림은 아마도 15세기 전체에서 가장 시적인 작품일 것이다. 성모가 책을 읽고 있는 성인의 책 위에 조용히 가느다란 손을 올려놓고 있고, 그녀의 옆과 뒤에는 사랑스러운 천사 소년들이 있다. 색채는 활기차고 빛나며, 섬세하고 부드러운 풍경을 갖고 있다. 성모의 밝은 금발과 얼굴은 말로 표현할 수 없을 정도로 순결하고 부드럽다.

✝ 오르산미켈레 성당, 1901년 4월 12일

오르산미켈레 성당Chiesa di Orsanmichele에 잠깐 머물렀다. 그곳에는 오르카냐가 만든 성모 마리아상이 있다. 금빛을 배경으로 화려하고 풍성한 제단에 섬세한 성모 마리아가 조각되어 있다. 장식과 부조가 가득한 이 제단은 최고급 예술품으로, 대리석에 금과 보석으로 장식되어 있다.

산 로렌초 성당Basilica di San Lorenzo으로 향했다. 먼저 뒷문으로 들어간다. 여기에는 큰 돔으로 덮인 군주 예배당이 있는데, 공간 비율과 특히 큰 돔이 아름답다. 돔은 화려하지만, 평범한 프레스코화로 장식되어 있다. 장식이 너무도 풍성하고 화려하여 되려 산만하게 느껴졌다. 이곳에는 메디치 가문의 무덤이 있는데, 일부는 귀중한 모자이크로 만든 아름다운 문장이 있다. 작은 메디치 예배당도 작은 돔을 가지고 있으며, 놀라운 비율을 자랑한다. 돔은 흰색으로 아주 단순한 격자무늬로 장식되어 있다.

조각상 〈생각하는 사람〉은 아름답다. 다른 세계적으로 유명한 미켈란젤로의 조각들, 특히 〈밤〉은 기술적으로 훌륭하고 천재적인 힘이 느껴지지만, 나에게는 호감으로 다가오지 않는다. 성당의 본당에서는 성가대석 앞에 코시모 대공의 무덤이 있는데, 그곳엔 매우 단순한 비문만 있다.

도나텔로 학파의 강단 부조도 있다. 측면 예배당에는 리피의 사랑스럽고 아름다운 〈수태고지〉가 있다. 오래된 성구실에는 페루지노의 것으로 추정되는 작품과 도나텔로의 고귀한 장식들과 아름다운 청동 문이 있다.

성당 옆으로는 아늑한 회랑이 있는데, 잡초가 자란 정원과 불규칙한 작은 창문들이 있다. 뒤쪽에는 아주 소박한 삼면 회랑이 작은 정원을 둘러싸고 있었다. 그 담장 너머로 살구와 배꽃이 풍성하게 솟아 있다. 가까운 지노리 거리에는 여러 아름다운 궁전들이 있다. 모퉁이를 돌면 팔라초 리카르디가 있는데, 이는 가장 크고 아름다운 궁전 중 하나로 훌륭한 기둥으로 된 안뜰이 있다. 몇몇 문과 궁전 안뜰을 통해 월계수가 우거진 정원을 바라보는 전망이 훌륭하다.

✢ 산타 크로체 성당, 1901년 4월 15일

산타 크로체 성당에서 먼저 베네데토 다 마이아노Benedetto da Maiano의 설교단에 잠시 매료되었다. 카스텔라니 예배당에서 아뇰로 가디Agnolo Gaddi의 프레스코화는 안타깝게도 심하게 훼손되어 있었다. 옆에 있는 타데오 가디Taddeo Gaddi의 작품은 잘 보존되었다.

성구실 제단 예배당의 옛 프레스코화 중 조반니 다 밀라노Giovanni da Milano의 작품들, 특히 〈마리아의 탄생〉과 〈마리아의 성전 봉헌〉은 매력적으로 순진하고 신선하다. 성구실의 장롱에는 호화로운 제의와 성물, 아름다운 세밀화가 있는 책들이 있다. 그중에는 예수의 부활을 그린 'A' 문자가 있는데, 여인들의 생생한 표정과 잠자는 경비병들이 있다. 또한 기사 조르조와 처녀가 그려진 'P' 문자도 있다. 배경은 옛 도시이고 조르조의 말은 창백한 분홍색을 띠며, 그 외에는 짙은 색채들이다.

성구실에서 나는 시골 출신의 이탈리아 신부와 대화를 나눴는데, 그는 이 모든 화려함과 풍요로움에 완전히 매료되었다. 성구실 앞 복도에는 회칠을 한 프레스코화의 흔적이 있는데, 아무도 이것에 주목하지 않는다. 오직 문 왼쪽에 잘 보존된 걸어가는 천사만에만 주목하는데, 그 천사의 얼굴은 분명 보티첼리 스타일이다. 예배당의 조토 디 본도네Giotto di Bondone 프레스코화들은 놀랍도록 성숙하고 강렬하지만, 완전히 복원되었다. 성가대석에는 아뇰로 가디의 아름다운 프레스코화들이 있다.

데시데리오 다 세티냐노Desiderio da Settignano의 묘비 하나가 매우 아름답다. 다음으로 파치 예배당Cappella dei Pazzi의 고귀한 건축물이 있는 회랑이 있다.

✢ 산타 마리아 마달레나 데이 파치 성당, 1901년 4월 15일

아름다운 안뜰이 있는 산타 마리아 마달레나 데이 파치 성당Chiesa di Santa Maria Maddalena dei Pazzi을 방문했다. 모퉁이를 돌아 페루지노의 십자가형 프레스코화가 있는데, 거기서 한동안 혼자 있을 수 있었다. 이 크고 밝은 3부작 그림은 말로 표현할 수 없을 정도로 아름답고, 단순하며 고귀하다. 고전적인 구성과 자제를 15세기의 모든 사랑스러움과 순진함의 매력과 결합시켰다. 그곳의 풍경은 놀랍도록 섬세한 매력을 지닌다.

✢ 산토 스피리토 성당, 1901년 4월 17일

산토 스피리토 성당을 방문했다. 이곳은 정말 아름답

다. 피에로 디 코시모Piero di Cosimo와 디 크레디의 제단화는 감동적일만큼 단순한 아름다움을 지니고 있었다. 성가대는 지나치게 화려한 바로크 양식이었다. 필리피노 리피의 성모 그림은 성숙하고 아름다운 작품으로 사랑스러운 아기 예수가 함께 그려져 있었다. 성당의 성구실과 현관은 매우 정교한 비례로 인해 인상 깊었다. 작고 조용한 광장에는 야자나무와 목련이 있고, 돌로 된 벤치에는 아이들이 앉아 있었다.

그곳에는 아름다운 팔라초 구아다니Palazzo Guadagni가 있는데, 이 건물은 매력적인 초기 르네상스 양식으로 지어져, 지붕 아래에 멋진 로지아가 있었다. 나는 그곳으로 들어갔고, 아름다운 작은 안뜰에서 물이 졸졸 흐르는 유니콘 분수 근처에 한 노인이 햇볕을 쬐는 모습을 보았다. 나는 그와 이야기를 나누었는데, 그는 자신의 주인집 가족에 대한 이야기를 들려주었다. 그는 피렌체의 모든 오래되고 아름다운 것들, 심지어 그의 궁전까지도 미켈란젤로가 만들었다고 생각하고 있었다.

✠ 산타 마리아 델 카르미네 성당 II, 1901년 4월 17일

　나는 곧바로 프레스코화 예배당으로 달려갔다. 운 좋게도 햇빛이 비치는 덕분에 내가 가장 좋아하는 리피의 프레스코 중 잠자는 파수꾼 장면이 홀로 빛나고 있는 모습을 놓치지 않을 수 있었다. 예배당은 열심히 공부하는 방문객으로 가득 차 있었지만, 아무도 그 인물에 주목하지 않았다. 나는 그게 이상하게 여겨졌다. 나에게는 햇빛을 받은 프레스코화의 세부적인 모습이 항상 값진 행운의 선물이며, 어두운 성당 전체보다 더 좋은 것으로 여겨졌다.

　성구실에서는 스피넬로 아레티노Spinello Aretino의 프레스코화를 세척하고 복원하고 있었다. 나는 비계飛階에 올라가 전체 주기를 가까이서 명확하게 볼 수 있었다. 성녀 체칠리아Saint Cecilia의 생애는 그리 천재적이진 않지만, 아름다웠다.

　회랑은 매력적으로 아름답고, 산뜻한 초록이 있어 아늑했다. 마사초의 프레스코화는 상태가 매우 나쁘지만, 조반니 다 밀라노의 작품은 상태가 좋고 밝은 색채가 강렬한 인상을 주어 그 자체로 즐거움을 준다.

✣ 산타 마리아 노벨라 성당 II, 1901년 4월 24일

산타 마리아 노벨라, 그곳의 성가대석 프레스코화는 피렌체에서 가장 유려하다. 오늘은 큰 치마부에의 성모 그림에도 빛이 들어왔다. 전형적인 모습으로 오른쪽과 왼쪽에 각각 세 명의 무릎 꿇은 천사들이 있다. 스트로치 예배당 Cappella di Filippo Strozzi의 필리피노 프레스코화는 신선하고 생동감 있지만 피상적이며, 기를란다요의 작품 옆에서는 관습적이고 인위적으로 보인다.

나는 스파뇰리 예배당 Cappellone degli Spagnoli을 빛이 가장 좋은 상태에서 보았는데, 완전히 채색된 아름다운 공간의 인상이 매우 적절했다. 프레스코화들은 흥미로운 세부 사항이 많고, 내용과 해석도 중요하고 흥미롭지만 예술적으로 뛰어나지는 않았다. 회랑들이 아름답지만, 가장 큰 회랑은 안타깝게도 접근할 수 없었다.

찬란한 영광이 머무는 자리

피렌체, 1901년 4월

✢ 팔라초 피티 I, 1901년 4월 8일

팔라초 피티는 큰 규모의 건축물로 그 자체로 힘찬 느낌과 매혹적인 광경을 선사한다. 갤러리의 첫 번째 방에서는 델 사르토와 프라 바르톨로메오Fra Bartolommeo의 대작들이 있다. 그 옆에는 내가 점점 더 좋아하고 있는 페루지노의 아름다운 성모가 있었고, 다른 무엇보다도 나를 기쁘게 해주었다.

티치아노의 그리스도 그림은 부드럽고 짙푸른 베네치아풍의 배경을 담고 있다. 스투파 방Sala della Stufa으로 자리를 옮겼을 때, 나에게 처음으로 감동을 준 작품은 티치아노의 〈성녀 카타리나의 결혼식〉이었다. 여기에는 풍부한 풍경이 담겨 있으며, 구성과 색채가 조화로우며 부드럽고 달콤해서 전체적으로 음악처럼 느껴지는 작품이다. 작은 나폴레옹의 욕실Sala del Bagno di Napoleone은 매혹적인 욕실로, 바닥 모자이크, 문이나 창문 위에 있는 반월 모양의 공간인 뤼네트의 부조浮彫와 천장, 네 개의 매력적인 코린트식 기둥, 대리석 욕조, 두 개의 작은 탁자와 의자들이 있다. 울리세스의 방에는 틴토레토의 빛 표현이 돋보이는 성모 그림과 살바토르 로사의 작품 몇 점이 있다. 카를로 돌치Carlo Dolci는 전반적으로 지나치게 꾸민 듯한 느낌을 주어 오히려 반감을 주었다.

다음 방에서는 티치아노가 그린 〈피에트로 아레티노의 초상〉이 있었다. 이 작품은 훌륭한 초상화다. 같은 방에 있는 필리포 리피의 둥근 그림은 성모 마리아의 탄생이 그려진 배경과 함께 사랑스럽고 섬세한 성모의 모습을 담고 있다. 그 옆에는 다채롭고 자그마하지만, 섬세한 핀투리키오Pinturicchio의 작품이 있다. 같은 방에는 이름 없는 두 개의 원형 피렌체 성모 그림이 있는데, 리피와 연관되어 있으며 보티첼리의 〈시모네타 베스푸치〉도 있다. 또한, 매우 중요한 두 점의 델 사르토의 아름다운 자화상도 내 마음을 두드렸다. 피렌체에는 델 사르토의 고상하고 매력적인 작품이 많이 있다. 마지막으로 주요 전시실에는 라파엘로의 〈대공大公의 성모〉가 아주 초현실적인 아름다움을 지닌 채로 나를 맞이했다.

조르조네Giorgione의 〈음악회〉는 감동적이었고, 라파엘로의 〈의자에 앉은 성모〉는 눈부신 색감을 자랑했다. 그림을 감상하는 것은 즐거웠으나, 다만 영혼이 부족하다 여겨졌다.

╬ 팔라초 피티 II, 1901년 4월 10일

팔라초 피티에서 나는 먼저 티치아노의 〈성 카타리나〉 앞에서 오랜 시간을 보냈다. 이 그림은 토스카나 화가들 대부분이 부족하지만, 완전한 톤의 통일성을 가지고 있다는 점 외에는 특별할 게 없다. 빛, 인물, 풍경 등이 모두 동등한 화음을 이루고 있다. 오른쪽 중경을 차지한 목동과 양 떼, 그리고 배경의 마을과 작은 성당 덕분에 이 그림은 아름다운 공간적 깊이와 함께 매우 사랑스러운 고요함과 목가적인 분위기를 준다. 한 친절하고 나이 든 여성이 이 그림을 모사하고 있었는데, 꽤 솜씨가 좋았다.

라파엘로가 그린 교황 레오 10세의 대형 초상화 옆에는 페루지노의 〈마리아 막달레나〉가 걸려 있었는데, 이 여성의 얼굴은 그의 작품 중 가장 사랑스러운 모습 중 하나다. 그 섬세하면서도 성숙한 아름다움은 여기 있는 어떤 라파엘로의 작품도 능가하지 못한다. 불행히도 현재 이 작품은 큰 이젤에 의해 가려져 있었다.

필리피노 리피의 대형 원형 성모 그림에는 전형적인 모습의 하녀가 등장한다. 그 옆에는 거의 동시대의 이름 없는 성모 그림이 있다. 그 그림에는 장식적인 정원 벽이 등장하는데, 아마도 사이프러스일 장식용 나무가 잘 다듬어진 형태로 그려져 있다. 이 장식은 기를란다이오와 마솔리노 Masolino da Panicale의 프레스코에서 이미 내가 주목했던 점이다. 팔라초 피티에서는 이 장면이 단 한 번 등장한다.

큰 구성으로 볼 때, 안드레아 델 사르토 앞에서 프라 바르톨로메오는 가장 위대하다. 그러나 그의 그림에는 토스카나의 매력적인 정취가 결여되어 있다.

✢ 팔라초 바르젤로, 1901년 4월 11일

    국립 박물관이 있는 팔라초 바르젤로로 왔다. 이곳에 있는 미켈란젤로의 성모 부조는 내가 첫 번째로 좋아하는 그의 작품이다. 강력하고 웅장하다.

    베네데토 다 로베차노Benedetto da Rovezzano의 아름다운 부조들도 있다. 바르젤로의 안뜰은 정말 멋진데, 유려한 계단과 회랑이 있고 많은 문장으로 장식되어 있으며, 모든 것이 정직하고 간결하며 축제 같으면서도 동시에 도전적이다. 도나텔로의 방은 들어서는 순간부터 강렬하고 진지하며 품위 있는 인상을 준다. 가장 아름다운 것은 청동으로된 〈다비드〉와 〈성 게오르기우스〉 조각이다. 어린이 두상들과 몇몇 초상 흉상들은 놀랍도록 생동감 있다. 웅장한 아치형 천장이 있는 매우 높고 큰 방이 강렬한 효과를 더한다.

    도나텔로의 천재적인 예술이 여기서 무한하고 강력하게, 그리고 엄격하면서 설득력 있게 말한다. 모든 것이 진정성과 진실성을 내뿜고 있다. 바르젤로의 창문을 통해 처음으로 바디아 성당의 아름다운 문과 베네데토 부글리오니Benedetto Buglioni의 테라코타 부조를 발견했다. 바르젤로에는 더 나아가 풍부한 장신구 컬렉션이 있다. 특히 주목할 만한 것은 베네치아의 주교 십자가로, 자수정이 있는 에나멜 작품이다. 상아 작품 중에서는 프랑스의 것이 특히나 아름답다. 보석 중에서는 크리스탈에 새겨진 16세기 이탈리아의 놀랍도록 가는 우미優美의 여신, 그라티아Gratiae 무리가 눈에 띄었다. 작은 초상 메달 중에는 로렌초 데 메디치의 흉상이 있는 멋진 작품이 있는데, 청동으로 만든 거칠고 강렬한 작품이다. 다음으로 벤베누토 첼리니Benvenuto Cellini의 부조 〈안드로메다를 구하는 페르세우스〉와 그 외의 청동 작품 중에서는 안드레아 델 베로키오Andrea del Verrocchio의 〈다비드〉만이 강렬한 인상을 준다. 태피스트리여러 가지 색실로 그림을 짜 넣은 직물 중에서는 금색 바탕에 촘촘히 붉은 선으로 르네상스 무늬를 짜 넣은 것이 매력적이었다.

    옆에는 한때 예배당이었던 방에 조토 학파의 프레스코화가 걸려 있었다. 그중 하나에는 유명한 단테의 초상이 그려져 있지만, 복원 작업이 실망스러웠다. 그 옆에는 몇 가지 화려한 장식품이 눈길을 끌었다. 벨벳으로 수놓아진 주교의 예복 위에는 화려하게 장식된 순교자 전설이 그려져 있었다. 녹색 예복에 흰색 배경 위로 다양한 색채의 그림이 수직으로 배열되어 있었다.

또 다른 주목할 만한 것은 파란색과 금색으로 화려하게 장식된 에나멜 주교 지팡이의 머리 부분이었다. 보석이 박힌 동물 머리 모양의 장식은 아마도 프랑스나 스페인에서 제작된 것으로 보였고, 동물의 눈에는 검은 돌이 박혀 있었다.

또한, 두 손이 정교하게 엮인 금반지가 있었다. 손가락이 날씬하게 표현된 이 반지는 16세기 이탈리아의 작품으로 그 섬세함이 돋보였다. 넓고 금빛이 나는 다른 반지에는 점성술 기호가 강하게 돌출되어 새겨졌고, 이는 14세기 이탈리아의 유물로 보였다. 마지막으로 금으로 된 머리핀에는 보석이 박혀 조용히 반짝이고 있었다.

르네상스 시대의 프랑스와 독일 은제 상자 장식, 기품 있는 장식을 보았다. 14세기 토스카나 유물함 받침대는 에나멜 장식이 있고, 엄격하고 순수한 구조와 장식으로 비슷한 다른 작품들 사이에서 돋보이고 있었다. 전반적으로 좋은 피렌체 시대의 장식품들은 놀랄 만큼 엄격하고 고귀한 취향을 보여 준다. 나는 다시 한번 이탈리아 관람객들에게 감탄했는데, 그들은 놀라운 열정과 이해력으로 수 시간 동안 메달과 조각품을 보며 매우 조용하고 예의 바르게 행동했다.

✢ 필라초 베키오, 1901년 4월 14일

필라초 베키오의 안뜰에 머물렀다. 이곳은 나를 계속 끌어당겼는데, 특히 베로키오의 훌륭한 조각상이 그랬다. 물고기를 든 소년 조각상은 나를 그곳에 오래도록 머물게 했다.

이곳에서는 루벤스의 작품이 눈에 띄게 적었는데, 루벤스에 대한 강한 편견을 갖고 있던 나에게는 어쩌면 다행한 일이었다. 옛 토스카나 예술가들의 작품 옆에서 루벤스의 작품은 솔직한 감상으로 고상하지 못하다는 인상을 주었다.

✛ 팔라초 피티Ⅲ, 1901년 4월 18일

팔라초 피티의 세 번째 전시실에서 만난 작품은 작가 미상의 〈젊은 여인의 초상화〉였다. 작은 그림이지만, 무거운 액자 안에 걸려 있었다. 붉은 옷을 입고 가벼운 레이스 칼라를 두른 젊은 금발의 여성이 목과 가슴에 금목걸이를 걸고 있다. 회갈색의 지적인 눈과 눈에 띄게 건강한 얼굴, 풍성한 입술이 매우 가느다란 목과 어우러졌다. 전체적으로 검은 배경에 밝은 색채가 돋보이는 자그마하고 조용하지만, 매력적인 그림이다.

나는 꽤 오랜 시간 피티에 머물렀다. 베로네세의 흰 옷을 입은 어린이를 그린 작은 초상화 두 점과 티치아노의 〈아레티노〉, 안드레아 델 사르토의 〈수태고지〉, 그리고 페루지노의 〈막달라 마리아〉가 특히 나를 사로잡았다.

5월에 만난 물의 도시

베네치아, 1901년 5월

✢ 산 마르코 대성당, 1901년 5월 3일

아침 일찍 산 마르코 대성당으로 갔다. 대미사가 있었고, 사제의 예배 사이사이에 가끔 성가대와 오르간 음악이 울려 퍼졌는데, 그것은 내가 지금까지 들어본 것 중 가장 순수하고 감동적이며 완벽했다. 황금과 부귀로 가득 찬 이 웅장한 성당에서의 예배는 비할 데 없는 화려함과 인상을 주었다. 많은 고위 성직자, 대주교와 다른 사제들의 일부는 매우 화려한 제의를 입고 있었고, 몇몇 아름다운 백발의 성직자도 보였다. 성당 자체는 믿을 수 없을 정도로 호화롭게 장식되었다. 거대한 벽면 전체가 기둥 높이부터 천장과 돔까지 모두 금색 모자이크로 되어 있고, 바닥과 모든 부분이 고귀한 재료로 만들어졌음을 알 수 있었다. 모자이크는 모두 라벤나의 훨씬 오래된 것들처럼 기품 있지는 않지만, 너무도 화려하고 놀라울 정도의 규모로 광범위하게 있어서 처음 보면 말을 잃게 된다.

나는 성당 내부 전체를 가로지르는 회랑에 올라가 편하게 모자이크를 관찰했다. 몇몇 오래된 비잔틴 양식의 것들이 있는데, 특히 몇몇 천사들과 아름다운 이집트로의 탈출 장면이 있다. 이들 옆에 있는 회화를 모방한 후기의 정교한 모자이크들은 더는 볼 수 없었다. 그것들은 너무 가짜처럼 보여 전혀 즐길 수 없었다. 하지만 아래에서 보는 전체적인 장식적인 인상은 거의 손상되지 않았다. 벽, 아치, 돔을 완전히 덮고 있는 거대한 금색 영역은 동화 같은 효과를 내고 있었다.

나는 잠시 외부 회랑에 머물렀다. 거기에는 네 마리의 멋진 말들이 서 있고, 비둘기들이 둥지를 틀고 있었다. 왼쪽으로는 팔라초 두칼레에 있는 피아제타와 바다, 곤돌라가 보였고 오른쪽으로는 비둘기 무리가 날아다니는 광장이 보였다. 그 앞에는 넓은 종탑이 있다. 나는 이곳의 따뜻한 햇살 아래 혼자 앉아 있었고, 조용했지만 광장의 웅성거림이 들려왔고, 옆에서는 비둘기가 '구구' 소리 냈으며, 가끔 한 마리가 반짝이는 목을 내 쪽으로 내밀었다.

곧 11시가 되어 나는 종지기들의 시간 알림을 기다렸다. 산 마르코 출입구의 돔에서 이곳의 가장 좋은 모자이크들을 몇 개 보았다.

✢ 산 조르조 마조레섬, 1901년 5월 4일

나는 산 조르조 마조레섬으로 건너갔다. 그곳의 아름다운 성당에는 성가대석 외에 중요한 디테일이 없고, 틴토레토의 작품들은 부르크하르트의 가혹한 평가를 받을만하다.

종탑에서는 베네치아와 석호의 엄청난 전망이 펼쳐진다. 석호는 멀리까지 기름처럼 반짝이며, 깊은 녹색의 배가 다닐 수 있는 물길이 말뚝의 열로 표시되어 있다. 여기서 리도섬을 너머 큰 바다도 볼 수 있는데, 지평선에는 배와

돛들이 보인다. 다채로운 석호 지대와 그 석호를 둘러싼 바다가 마치 띠처럼 보이며, 멀리서 하늘과 어우러지는 모습은 유일무이하게 아름답다. 돌과 물 사이에 있는 베네치아의 유일한 세 개의 큰 정원들이 독특한 느낌을 준다. 여기서 보면 길게 뻗은 도시 전체가 거대한 곤돌라처럼 보인다.

점심 전, 종탑을 내려와 비둘기에게 먹이를 주고, 시계탑에서 정오의 종이 울리는 것을 기다렸다.

╬ 아카데미아 미술관 I, 1901년 5월 5일

오늘 처음으로 아카데미아 미술관에 갔다. 무의식적으로 나는 매우 현명한 일을 했다. 베네치아 회화를 보기 전, 며칠 동안 베네치아의 햇살을 느끼고, 이곳의 공기를 마셨다. 나는 이제 조반니 벨리니Giovanni Bellini, 조르조네, 팔마Palma Vecchio, 티치아노, 베로네세를 이해할 수 있다. 이전에는 그들이 낯설게 느껴졌고 피렌체에 대해 제대로 평가하지 못했다.

이 그림들의 달콤하고 부드러운 황금빛 갈색, 짙고 깊

은 색조의 공기, 전체적인 금빛의 향기로운 융화를 이제는 이해할 수 있게 되었다. 그 풍성하고 관능적인 아름다움이 나를 사로잡는다. 존경했던 틴토레토의 몇 가지 좋은 작품이 여기에 있지만, 그래도 실망스럽고 특히 티치아노의 순진한 확신 옆에서는 인위적이고 과장된 것처럼 보인다.

✢ 프라리 성당, 1901년 5월 6일

프라리 성당Basilica dei Frari을 방문했다. 성구실에서 벨리니의 성인들과 함께 있는 성모의 그림을 보았다. 고귀하면서도 사랑스러웠고, 두 명의 작은 천사가 연주하고 있었다. 다음으로 티치아노의 〈페사로의 성모〉를 보았는데, 이는 가장 위대한 그림 중 하나이지만, 안타깝게도 항상 빛이 부족했다.

이후 증기선을 타고 운하를 끝까지 지나며 모든 저택을 지나쳤는데, 특히 벤드라민 저택Ca' Vendramin Calergi과 매력적인 고딕 양식의 카도로Ca' d'Oro가 나를 사로잡았다. 리알토 다리도 독특한 회화적 매력을 지니고 있다. 그날의 남은 시간과 저녁 내내 도시를 걸어 다니며 여러 가지 쇼핑을 했고, 밤에는 리알토 다리를 건너며 좁은 골목에서의 활기찬 움직임을 즐겼다.

☩ 산티 조반니 에 파올로 성당, 1901년 5월 6일

먼저 나는 성당 앞의 콜레오니 동상에 멈춰 섰다. 그 동상은 베로키오의 작품으로 매우 인상적이었다. 피렌체에서는 단지 우아하다고만 생각했는데 말이다. 성당 안에는 안드레아 벤드라민Andrea Vendramin 묘가 다른 모든 것을 압도하고 있었다. 이는 굉장히 고귀한 표현의 훌륭한 르네상스 작품으로, 사실 베네치아적이지 않을 정도로 아름답다. 성당 옆에는 매우 특이하고 아름다운 병원 정면과 문이 있다. 스콜라 그란데 디 산 마르코 학교에는 부조의 띠들이 있다. 하지만 이 광장의 주된 장식은 〈콜레오니 기마상〉이다.

╬ 산타 마리아 포르모사 성당, 1901년 5월 6일

산타 마리아 포르모사 성당Chiesa di Santa Maria Formosa에 가서 팔마의 〈성녀 바바라 제단화〉를 보았다. 이 그림은 놀라운 광택과 완전한 베네치아의 황금빛 톤을 지니고 있다. 부드럽고 무르익은 형태와 자세가 고귀하여 오래도록 바라보게 만든다. 산티 조반니 에 파올로 성당 옆에는 베네치아에서 가장 아름다운 분수 중 하나가 있는데, 거기엔 아름다운 아기 천사들의 화환이 있다.

╬ 주데카섬, 1901년 5월 8일

다시 해가 났다. 원래는 베네치아에서 딱 8일만 있으려 했고, 오늘이 마지막 날이다. 하지만 지금은 다른 곳으로 떠날 생각이 전혀 들지 않는다.

오전 10시, 주데카행 증기선을 탔다. 레덴토레 성당 앞에 크고 빨간 페인트를 칠한 범선이 있었다. 해초로 덮인 석호에 비친 진홍색의 반사는 녹색 물결 봉우리가 섞인 짙은 갈색과 빨간색의 풍성하고 아름다운 색조를 만들어 냈다. 이 빨간 배와 해변 앞으로 초록 치마와 회색 숄을 입은 어부의 아내가 밝은 노란색 옷은 입은 아이를 안고 지나가자 멋진 색채의 그림이 되었다.

뒤로는 많은 돛이 있고, 그 너머로 산타 마리아 델라 살루테 성당의 고상한 돔이 보인다. 레덴토레 성당은 눈에 띄는 아름다운 고대 파사드를 가지고 있는데, 반원 기둥과 필라스터가 있지만 바로크 조각들로 인해 손상되었다. 다행히 박공 부분은 비어 있다. 성가대석과 측면 예배당이 있는 단일 본당의 내부는 밝고 기품 있게 구상되었지만, 평평하고 아치형으로 된 천장은 오히려 방해가 되었다. 두 개의 강력한 반원 기둥으로 둘러싸인 작은 벽감은 끔찍한 가짜 조각상으로 인해 망쳐졌다는 생각이 들었다. 여기에도 틴토레토의 두 그림이 있지만, 큰 실망감을 주었다. 몇 점의 아카데미아 미술관에 있는 큰 그림들과 피렌체의 초상화들을 제외하고는 틴토레토에 있는 작품 중 거의 피상적인 것들만 발견했다. 〈어린 종려 나무 십자가에서 내려오는 그리스도〉 그림은 레덴토레의 그림 중 내가 가장 좋아하는 것이다. 비록 막

달라 마리아 형상이 그림의 구성을 크게 깨뜨리긴 하지만 말이다.

다시 돌아가려고 했을 때, 배는 이미 떠나고 곤돌라도 없어서, 석탄 바지선을 타고 산 조르조섬으로 건너가야 했는데, 세 명의 슈투트가르트 출신 숙녀들이 함께했다. 좋은 동향인들이었다. 거기서 나는 피아제타로 가는 곤돌라를 탔다. 팔라초 두칼레는 여기 바다에서만 이해할 수 있는데, 그 거꾸로 된 건축을 일종의 수상 가옥으로 보면 된다.

┼ 산타 마리아 데이 미라콜리 성당, 1901년 5월 8일

산타 마리아 데이 미라콜리 성당Chiesa di Santa Maria dei Miracoli은 아름답고 작은 성당으로 아름다운 대리석으로 벽이 장식되어 있고, 천장은 갈색으로 나무 상자 모양에 그림이 그려져 있다. 바닥, 벽, 기둥은 내가 본 적 없는 가장 우아하고 멋있는 장식으로 꾸며져 있다. 특히 기둥의 수직 장식은 매우 매력적인 아름다움을 지니고 있다. 그림이나 조각 등은 없었지만, 모든 장식은 재료와 장식 그 자체에 있

었다. 작은 돔 형의 성가대석이 있었다. 제단 난간과 계단은 가장 고귀한 느낌으로 장식되어 있으며, 개별 패턴은 가장 순수한 아름다움을 보여 준다.

✝ 팔라초 두칼레, 1901년 5월 9일

화려한 방들은 멋지고 장엄한 인상을 준다. 틴토레토와 다른 모든 이들은 베로네세에 의해 크게 압도되는데, 그들 작품에서 보이는 풍성한 완벽함이 여기에 딱 들어맞는다. 두 개의 지구본이 있는 웅장하고 큰 콘솔리오 홀은 내게 단눈치오 Gabriele D'Annunzio의 기억과 연결된다. 탄식의 다리와 무시무시한 감옥을 통해 팔라초 두칼레를 나왔을 때 다시 따뜻한 햇살이 비쳤다. 정오가 되자 대포 소리와 함께 커다란 비둘기 무리가 놀라며 광장 위를 맴돌았다. 그 모습은 언제나 아름답게 여겨졌다.

✢ 산타 마리아 델라 살루테 성당, 1901년 5월 11일

곧 산타 마리아 델라 살루테 성당에 도착했다. 이 성당은 웅장한 계단과 함께 카날 그란데를 지배하듯 서 있다. 내부는 고전적이고 조화로운 비율을 가지고 있다. 아름다운 바닥이지만, 내가 싫어하는 주사위 무늬도 있었는데, 이는 걷는 면에서 보면 자극적으로 작용한다. 평면이 아름답고 필요한 곳에 입체감을 주는 것처럼 보이기 때문이다.

성구실에는 티치아노의 성 마르코 그림과 세 점의 천장화가 있는데, 모두 진정한 티치아노의 고귀함을 지니고 있다. 거기에는 또한 이름 없는 몇 개의 작은 옛 그림이 있는데, 그중에는 풍부한 풍경 속에 아기 예수와 경배하는 성인들이 있는 작은 성모가 있다. 이는 베네치아 특유의 짙은 색조로 되어 있다. 틴토레토의 〈카나의 혼인 잔치〉는 색채와 빛으로 인해 특별하게 보였다.

✣ 아카데미아 미술관 II, 1901년 5월 11일

아카데미아 미술관에서 나는 먼저 가장 좋아하는 작품 중 하나인 티치아노의 〈성모 마리아의 성전 봉헌〉 앞에 홀로 앉아 있었다. 다음으로는 그림 중의 그림이라 생각되는 〈성모 승천〉을 보았다. 티치아노의 작품을 계속 따라가며 〈십자가에서 내림〉 앞에 오래 머물렀다. 이 작품은 마치 품위 있게 꾸준히 구축된 비극처럼 커다란 고통을 고조되는 화음으로 전달한다. 고통스러운 아름다움으로 가득 찬 그림으로, 갈색빛의 흐릿함에 이르기까지 슬픔을 자아낸다.

✣ 산토 스테파노 성당, 1901년 5월 11일

아침 일찍 골목과 다리를 지나, 마우리치오 광장Campo San Maurizio을 거쳐 프란체스코 모로시니 광장Campo Francesco Morosini으로 갔다. 그곳에 산토 스테파노 성당Chiesa di Santo Stefano이 있다. 고딕 양식의 파사드는 아름답다. 손에 든 담배가 아직 타고 있어서, 나는 먼저 화랑으로 향했다. 벽에는 포르데노네Giovanni Antonio da Pordenone의 프레스코화 흔적이 있는데, 완전히 파괴되었으나 본래 지니고 있었을 아름다움을 짐작하게 한다. 그 아래에는 각각 네 명의 아기 천사로 구성된 두 개의 그룹이 있고, 위에는 장식 띠와 덕목을 나타내는 그림이 그려진 벽감이 있다. 그림이 그려진 안뜰은 아마 화려했을 것이다. 회랑 복도에는 좋은 묘비 두 개가 있다.

담배를 다 태우고 성당 안으로 들어갔다. 안드레아 콘타리니Andrea Contarin 묘비는 17세기 작품이지만, 단순하고 아름답다. 의사 수리아노의 작고 단순한 묘비는 최고의 르네상스 작품이다. 이어서 성가대석과 성구실을 둘러보았다.

-¦- 산 조베 성당, 1901년 5월 13일

산 조베 성당Chiesa di San Giobbe에서는 미사가 있었고, 가난한 여성들로 가득했다. 나도 제법 익숙하게 30분 동안 무릎을 꿇고 있었다. 응답가에서 일부는 제2성부를 불렀다.

그 후 성당을 둘러보았는데, 가장 좋은 점은 롬바르도Pietro Lombardo의 멋진 장식이었다. 사볼도Giovanni Girolamo Savoldo의 〈목동들의 경배〉 그림은 차가운 인상으로 매우 어두웠지만, 아름다운 그림이었다. 사제가 옷을 갈아입는 동안 성구실을 보았다.

다음으로 산 제레미아 성당Chiesa di San Geremia으로 갔는데, 높고 넓은 돔 성당이었다. 옆에는 팔라초 라비아Palazzo Labia가 있는 광장이 있다. 거기서 스칼치 성당Chiesa di Santa Maria di Nazareth으로 갔는데, 엄청나게 화려한 바로크 건물로 바티스타 티에폴로Giovanni Battista Tiepolo의 활기찬 천장 프레스코화가 있었다. 완전히 과장되게 장식되어 있고 섬세한 장식은 없지만, 풍부한 색채가 인상적이었다. 산 시메오네 피콜로 성당Chiesa San Simeone Piccolo은 닫혀 있었다. 산 니콜로 다 톨렌티노 성당Chiesa di San Nicolò da Tolentino으로 가니, 벌거벗은 정면에 이상한 고대 현관이 있었다. 맞은편에 두 채의 아름다운 저택이 있었다. 성당 안은 밝게 칠해진 돔과 아늑한 회랑이 있었다. 『베데커』 가이드북은 이곳의 많은 성당에 대해 무책임하게 침묵하고 있다.

✛ 치비코 박물관, 1901년 5월 14일

아름다운 안뜰에는 작은 금붕어 분수가 있고, 그곳에 몇몇 베네치아 우물 입구가 전시되어 있다. 그중 일부는 완전히 동양적인 장식이 있는 멋진 작품이다. 1층에는 무기 컬렉션과 깃발들이 있다. 그림 중에는 예술적 가치는 거의 없으나 당시의 화장실, 가족, 춤, 가면 등 풍습과 의상 연구에 매우 흥미로운 피에트로 롱기Pietro Longhi의 그림들이 있다.

메달과 부조도 있다. 의상 컬렉션도 흥미로웠다. 로코코 가구, 아름다운 도자기와 유리 제품, 좋은 에나멜 작품도 있다. 17세기와 18세기의 기묘하고 취향이 좋지 않은 기구들도 많이 있다. 도서실은 매력적인데, 그 안에 몇 개의 좋은 미니어처와 책 표지에 좋은 금박 장식이 매우 풍부하게 있었다.

유명한 안드레아 로레단Andrea Loredan의 흉상은 훌륭했다. 비바리니Antonio Vivarini의 아주 작은 성 안토니우스 초상화는 멋지고 매우 무거워 보이는 액자에 걸려 있었다. 카르파초의 두 여인이 있는 그림은 놀라운 사실감으로 깊은 인상을 남겼다.

맨 위층에서 운하를 내려다보는 전망이 아름다웠다. 치비코 박물관에는 수채화들, 특히 베네치아의 오래된 풍경화들과 몇몇 초기 인쇄본들이 있었다.

✢ 제수아티 성당, 1901년 5월 15일

제수아티 성당Chiesa dei Gesuati은 후기 바로크 양식의 화려함을 품고 있다. 거다다 내일 있을 '예수의 승천' 축제를 위해 파랑, 빨강, 금색의 화려한 장식이 성당 전체를 휘감고 있었다. 여기에는 조반니 티에폴로의 아름다운 성모와 성녀 클라라가 그려진 그림이 있는데, 이는 그의 가장 사랑스러운 작품 중 하나다. 그의 천장 프레스코화도 있는데, 항상 그렇듯 빛나고 효과적이다. 그리고 틴토레토의 제단화 〈십자가에 못 박힘〉의 색이 매우 만족스러워, 다시 한 번 그를 좋아하게 되었다.

✛ 카르미니 성당, 1901년 5월 15일

카르미니 성당Chiesa di Carmine은 세 개의 긴 네이브로 이루어졌다. 치마Cima da Conegliano의 〈목동들의 경배〉는 빛이 좋지 않았지만, 그럼에도 인상적이었다. 특히 섬세한 배경의 풍경이 눈에 띄었다. 틴토레토의 〈성전에서의 예수 봉헌〉은 분명히 티치아노의 영향을 받았으며, 화가의 후기 실험적 작품과는 거리가 있다. 로렌초 로토Lorenzo Lotto 작품은 매우 매력적이었는데, 부드러운 아름다움과 매우 섬세한 색채를 지니고 있었다.

4장

⁜

흐르는 사유

침묵의 미소

피렌체, 1902년

나는 다시 한번 피렌체 근교에 있는 카르투시오회 수도원을 방문했다. 이곳은 몇몇 나이 든 수도사들이 머무는 곳으로 규모가 제법 큰 수도원이다. 나를 안내해 주던 수도승은 나를 알아보았지만, 그저 조용한 미소만 머금은 채였다.

나는 그에게 아치아욜리Acciaioli 가문의 묘지로 안내해 달라고 부탁했다. 우리는 서늘한 지하 성당으로 내려갔고, 그곳에서 나는 젊고 아름다운 로렌초의 석상을 마주했다. 그는 돌로 된 손가락을 부드럽고 독특하게 맞대고 있었다. 나는 그 모습을 오래도록 바라보았다.

나는 문득 수도사에게 말을 건넸다.

"여기 아래에 머무는 것은 슬픈 일이겠군요."

"오, 여기는 아주 시원하답니다."

"당신은 어떤 일을 하고 계신가요?"

"과일을 돌보고, 방문객들을 안내합니다."

"그 일에 만족하시나요?"

"그렇지 않을 이유가 있을까요?"

"한 번도 슬펐던 적이 없나요?"

"없습니다. 슬플 이유가 없지 않겠습니까?"

"그래도 한가한 시간에는…."

"언제나 방문객을 안내하거나 과일을 돌봐야 합니다."

"당신은 그저 말을 아끼시는 것 같군요. 아니면, 정말로 항상 만족하신 건가요?"

"그렇지 않을 이유가 있을까요? 우리 형제들은 거짓말 하지 않습니다."

우리는 다시 위로 올라왔고, 나는 그에게 동전 하나를 건넸다. 그러자 그가 물어 왔다.

"회랑을 둘러보시겠습니까?"

"고맙지만, 괜찮습니다. 안녕히 계세요."

그의 얼굴로 기묘한 미소가 떠올랐다. 그는 결국 거짓말을 한 것이다.

정오의 종소리를 기다리며

베네치아, 1903년 4월

✢ 1903년 4월 15일

아침에는 너무 쌀쌀해서, 6시부터 깨어 있었지만 9시가 지나서야 일어났다. 어제는 오후 4시경 베네치아에 도착했다. 바람이 불고 쌀쌀했다. 방 하나를 빌렸다. 규모는 컸지만, 시설은 좋지 않았으며 저렴한 방이었다. 그 후 기대에 부풀어 산 마르코 광장으로 갔다. 이전 여행의 기대감에 부풀어서인지 광장에 아마도 조용한 강렬함이 더해졌을 거라는 내 생각은 틀렸다. 오히려 활기찬 피아제타가 나에겐 더 신선하고 귀중한 느낌을 준다.

카발레토에서 먹은 모둠 튀김 한 접시에 탈이 났고, 게

다가 그곳의 웨이터가 무례해서 예전부터 잘 알고 있던 이 술집을 이제는 피해야 할 것 같다. 대신 자코무치Giacomuzzi 라는 여러 개의 작은 방으로 나뉘어 있는 거대한 와인 하우스가 훨씬 더 마음에 들었다. 마르살라를 마셨는데, 앞으로 그곳에 자주 들릴 것 같다.

오늘은 해가 뜨고 하늘이 완전히 맑아지면서 모든 것이 갑자기 아름답고 생기 넘치며 유쾌해졌다. 몇 시간 동안 골목길과 광장을 구석구석 돌아다니며 편안함을 느꼈고 기분이 최고조에 달했다. 예상치 못하게 산 스테파노 성당의 회랑에도 들렀다. 이번에는 성당 내부가 더 크고 아름답게 보였는데, 아마도 빛이 더 좋아서 그런 것 같다. 가는 길에 커피를 마시고 무화과를 몇 개 사서 정오 무렵까지 계속 돌아다녔다.

활기찬 거리의 삶이 나를 즐겁게 했고, 이전에 가보지 못했던 구석들도 지나쳤는데, 대부분 이곳의 고딕 양식인 오래되고 일부는 상당히 허물어진 호화 저택이 있었다. 매우 좁고 거의 어두운 골목은 특히 인상적이었는데, 그 위로 돌출된 들보 사이로 아주 작고 좁게 보이는 하늘색 띠가 있었고, 어두운 골목 끝에는 현란한 색의 옷을 입고 물을 나르며 수다 떠는 두 여인이 있었다.

12시쯤 자코무치에서 베르무트 한 잔을 마셨다. 내 숙소는 정말 특이하다. 이 큰 집 전체가 허물어져 가고, 계단은 끔찍하며, 가족들은 믿을 수 없을 정도로 지저분하고 순박하다. 방은 엄청나게 크지만 높지는 않다. 여기뿐만 아니라 도시 전체에서 거의 끊임없이 감미롭고 감상적인 소녀들의 노래가 들린다.

12시 30분에 빵과 달걀을 사서 리도로 갔다. 배를 타고 가는 동안 바람이 불고 맑았다. 리도에서는 해변을 따라 걸었다. 바다는 주로 연한 녹색이고 파도가 적당히 일었으며, 공기가 상쾌하고 햇살은 따뜻했다. 모래 위에 누워 점심을 먹었다.

주변에서 군인들이 훈련하고 있었지만 나를 쫓아내지는 않았다. 그 후 맨발로 이리저리 돌아다녔다. 바다는 아직 차가웠지만 발을 담그기에는 딱 좋았다. 따뜻한 모래 위에 오래 누워 파도 소리와 물결에 빠져들었다. 멀리서 배들이 수평선을 가로질렀다. 회색 풀이 자란 모래 언덕에는 도마뱀이 가득했다. 섬 전체를 걸어 다녔다. 끝없는 채소밭,

격자 과수원, 약간의 포도밭. 날씨가 더워졌고, 매우 피곤한 상태로 수상버스로 돌아왔다.

저녁 햇살을 받으며 돌아가는 아름다운 귀갓길이었다. 드라스도에게 예금 증서를 보냈다. 잡화점도 구경했다. 저녁으로 빵과 햄, 버터를 사서 자코무치의 칸막이 좌석으로 들어왔고, 거대한 사각 참나무 테이블에 앉아 훌륭하고 오래된 키안티 와인과 함께 빵을 먹고 이 글을 쓰고 있다.

옆 칸에는 선원과 그의 연인이 있다. 리도에서 한 소년이 나에게 구걸했는데, 나는 그에게 그리스 동전 한 개를 주었더니, 그는 나에게 화를 내며 불평했다. 내가 다시 그 돈을 가져가려 하자 도로 달라고 했다. 뒤쪽의 더 높은 모래 언덕에서 본 바다는 장엄했다. 그 광경은 피곤한 걸음을 충분히 보상해 주었다. 다음 날 숙취가 없을 거라는 즐거운 예감 속에서 나는 자코무치에서 술을 조금만 마셨지만, 집에 돌아가는 데 어려움을 겪었다.

╬ 1903년 4월 16일

밤에 꿈을 꾸었다. 조용한 골목을 걷고 있었는데, 옆 골목에서 나온 작고 온화한 여인이 내게 매달려 시험 감독관에게 팁을 줘야 하는지 간절히 물었다. 아마도 그녀의 아들이 학생이고 시험을 보고 있었던 것 같다. 그 여인의 체형, 걸음걸이, 목소리, 옷차림이 너무나 내 어머니와 닮아서, 나는 그녀의 팔을 잡고 친절하게 정보를 주며 거리를 걸었다. 그러면서 어머니와 함께 걷는 행복한 느낌이 들었고, 여인이 마침내 감사하다고 말하며 떠나려 할 때, 어머니를 두 번째로 잃는 것 같았지만, 아무 말도 할 수 없고 그저 눈물만 흘렸다. 그리곤 깨어났다.

아침에 잡화점을 구경했고, 커피를 마시고, 리알토 다리를 건너 운하 건너편 지역을 걸었다. 마도네타 거리 Calle della Madonnetta에는 문장이 새겨진 매력적이고 소박한 아치형 문이 있다. 목적 없이 천천히 거리를 돌아다니는 것이 베네치아를 즐기는 가장 좋은 방법인 것 같다. 곤돌라를 타는 것보다 더 많은 것을 볼 수 있다.

프라리 성당 근처에서 신발 한 켤레를 샀고 낡은 신발은 거기에 맡겨 밑창을 갈았다. 스쿠올라 디 산 로코Scuola di San Rocco 앞에서 세 소년이 나를 에워싸고 재주를 부리며 구걸했다. 프라리 성당에 들어가 티치아노의 〈페사로의 성모〉를 보았는데, 안타깝게도 빛이 좋지 않았고, 앞에 놓인 높은 양초들 때문에 그림이 훼손되어 보였다. 성당 안팎에 비계가 놓여 있었고 보수 공사가 있었다. 다른 곳도 볼 것이 별로 없었고, 성구실의 그림들은 치워져 있었으며, 곳곳에서 수리와 복원이 진행 중이었다. 작은 산 시메오네 프로페타 성당Chiesa di San Simeone Profeta에서 장례식을 바라보았다.

산 조반니 데콜라토 성당Chiesa di San Giovanni Decollato은 매력적이고 오래되고 허물어져 가는 작은 성당이었는데, 앞에 분수 광장이 있었다. 12시에 치타 디 피렌체 식당에서 식사를 했다. 맛있는 식사였지만 저렴하지는 않았다.

집에서 잠시 쉬고 리도로 갔다. 그곳에서 맨발로 걸었고 거친 바람에도 불구하고 물개처럼 즐겼다. 부른 배를 소화하면서 담배를 피우고 아무 생각 없이 모래 위에 누워 있었다. 나중에 바람이 없는 모래 언덕의 풀밭을 찾아 그곳에 누웠는데, 가벼운 비가 내리기 시작했다. 곧 자리를 피해 모래 언덕 안쪽의 윗길 정도로 평화롭고 목가적인 풀 길을 따라 돌아왔다. 바닷소리가 아니었다면 비닝엔Binningen: 스위스 바젤 근교 소도시 근처에 있다고 생각할 수도 있었을 것이다.

그 후 1시간 동안 산 마르코 성당에 앉아 있었다. 어두운 황금빛 그림자 속에서 쉬며 아름다운 공간과 따뜻한 색채가 느껴지는 성당의 회화적인 광채에 빠져들었다. 집에 와서 화장실에 앉아 있는데, 집주인의 두 아이가 나에게 큰 관심을 보이며 지켜보았다. 나가 보니 거리는 젖어 있고 비가 내리고 있었다. 팔라초 두칼레 로지아에 앉았다. 비 내리는 석호와 하늘, 섬들이 섬세한 은은한 색조로 보였다. 약간 슬프지만 독특한 광경이었다.

7시쯤, 자코무치에 가서 맛있는 달콤한 키프로스 와인을 마셨다. 그리고 1시간 동안 프로쿠라티에Procuratie: 산마르코 광장을 따라 이어진 세 개의 행정 관청에서 산책했다. 비 오는 밤의 광장과 피아제타가 회화적으로 보였다. 검은 하늘, 선명한 대리석의 색, 깨끗하게 젖은 포장도로에 수많은 가로등 불빛이 비쳤다. 마지막으로 커피를 마셨다. 밤에 창문으로 가까이에서 좋은 악단이 연주하고 노래하는 것을 들었다. 음악은 그저 그랬지만 열정적인 공연이었다. 특히 활기찬 바이올린 연주자들이 인상적이었다. 특히 루체른 호수에서 이탈리아 악단이 자주 연주하던 활기차고 즐거운 곡이 친근하게 느껴졌다. 여성 목소리는 기교가 뛰어났지만 날카롭고 차가웠다.

✢ 1903년 4월 17일

밤은 끔찍했고 전혀 잠을 이루지 못했다. 폭풍과 비가 무섭게 휘몰아쳤고, 옆집에서는 음악 소리가, 집 안에서는 아이들 울음소리와 싸움, 소음이 밤새 계속되었다. 그러나 가장 큰 일은 아침에 일어났다. 9시쯤 아직 침대에 누워있는데 남자들이 내 문을 주먹으로 세게 두드리며 강제로 들어오려고 했다. 나는 화가 나서 일어나 반쯤 옷을 입고 복도로 나갔다. 약 열 명의 남자가 있었고 그들은 내게 즉시 집을 비워야 한다고 말했다. 집이 '퇴거 명령'을 받았다는 것이다.

다른 세입자들은 저주하고 비웃고 울부짖었고, 속아서 집세를 떼인 한 불쌍한 여인은 슬피 울며 한탄했다. 집주인은 분노에 차 있었고, 그녀의 아이들은 울면서 손에 보따리를 들고 서 있었다. 그 불쌍한 여인에게 해를 끼치지 않기 위해 나는 미리 지불한 집세를 돌려 달라고 요구하지 않았지만, 독일어와 이탈리아어로 열심히 욕설을 퍼부었다. 집은 소음과 비참함, 스캔들로 가득 찼다. 결국 우리 모두는 폭우와 강한 폭풍 속에 거리로 쫓겨났다.

나는 자코무치로 도망쳐 내 짐을 맡아 달라고 부탁하고, 거친 날씨와 싸우며 새 숙소를 찾아 나섰다. 몇 번의 실패 끝에 2년 전에 살았던 집으로 가서 나의 옛 작은 방을 다시 찾았다. 놀랍게도 옛 집주인 할머니가 나를 즉시 알아 보고 이름을 부르며 말을 걸었다. 소음으로 방해받은 짧은 휴식 후, 적어도 어딘가 조용하고 건조한 곳에 앉아 있고 싶어서 산 마르코 대성당에 가서 어스름한 빛 속에 3시까지 앉아 있었다.

그 후 춥고 떨리는 몸을 이끌고 자코무치로 가서 커피, 알케르메스alchermes: 매우 달콤한 이탈리아 리큐어, 키프로스 와인을 마시고 비스코티를 먹으며 담배를 피우고 시간을 보냈다.

사람들이 말하길, 오늘의 악천후는 보통 3일간 지속되는 폭풍이라고 했다.

나중에 오늘 스캔들의 이유를 알게 되었다. 내 집주인이 집세를 내지 못해 전대 세입자들과 함께 쫓겨난 것이었다. 나는 이 일로 약 15리라를 잃었다. 와인을 마신 후 비 오는 거리를 돌아다녔다. 산 마르코 광장에서 동쪽으로 길게 이어지는 부두 리바Riva degli Schiavoni를 따라 아르세날레Arsenale를 지나 아주 가난한 지역을 통과했는데, 그곳에는 허름한 술집들 사이에 아직 몇몇 좋은 작은 호화 저택들과 성당들이 서 있었다.

저녁 6시에 프라리 광장Campo dei Frari의 트라토리아 오르세타에서 식사를 했다. 맛있는 콩 수프를 먹고 베로나의 좋은 와인을 마셨다. 편안한 단골손님들이 있었는데, 나는 그들의 대화를 거의 이해하지 못했다. 나는 여기서 부드러운 방언에 특히 관심을 가졌다. 'formaggio치즈' 대신 'formaio'로, 'R'도 거의 발음하지 않았다. 오늘의 모든 모험에 더해 감기 증상이 점점 심해졌다. 왼쪽 눈에서는 계속 눈물이 난다. 그러나 나는 여전히 약간의 자조적 유머를 유지하고 있다.

✢ 1903년 4월 20일

어제는 돈 문제로 우체국에서 몇 시간을 허비했다. 마침내 5시가 지나서야 네 번의 실패 끝에 내 돈을 모두 금화로 받았고, 기분이 한순간에 크게 좋아졌다. 멋진 저녁이었다. 밝고 시원했으며, 해안선 전체가 안개 없이 깨끗하고 선명했다. 짙은 파란색 바다가 옅은 하늘과 대비를 이루고 있었다. 해변에는 자전거를 타는 여성과 장난을 치는 군인들이 있었는데, 자유로우면서도 품위 있고, 절제되며 세련되어 보였다. 돌아오는 길에 말로 표현할 수 없을 정도로 아름다운 저녁 색채를 보았다. 하늘은 붉고 노란색으로 물들었고, 산은 푸르게 보였으며, 도시는 선명한 실루엣으로 드러났고, 석호는 은빛으로 빛났다. 눈이 많이 약해진 것 같다.

치즈와 햄을 들고 자코무치에 갔는데, 젊은 베네치아인들로 가득 차 매우 활기찼다. 내가 피렌체 사람으로 여겨지는 만족감을 느꼈다. 우리는 잡담을 나누고, 그들 중 한 명이 역사에 대한 지식이 있어 나와 이야기가 잘 통했다. 그 후 또 다른 무리가 왔고, 그들과도 친근하게 대화를 나눴다. 그들 중 한 명과 자정까지 도시를 산책했고, 그 후 그들의 숙소에서 키안티와 독한 약제 와인을 마시며 시간을 보냈다.

✝ 1903년 4월 21일

어젯밤은 좋았지만, 눈은 여전히 피곤하다. 이른 아침 리도로 가는 배를 탔다. 바람이 불었지만 날씨는 훌륭했다. 바다는 다채로운 색으로 빛났다. 한 어부가 내 코트에 유성 페인트를 묻혀, 잠깐 말다툼을 했다가 화해했다. 맨발로 산책했지만, 점심시간에는 모래바람 때문에 모래 언덕 뒤로 피신해야 했다. 그곳에서 조그만 말 한 마리가 풀을 뜯고 있었고 평화로운 고요함이 있었다. 잠시 쉬면서 커다랗고 검은 딱정벌레의 부지런한 작업을 지켜보았다.

1시에 베네치아로 돌아왔다. 작은 선원 술집에서 형편없는 식사를 했는데, 그들은 나를 보헤미아 유리공으로 생각했다.

2시에 키오자로 출발했다. 강한 바람이 불었다. 가는

길에 한 신부가 마라모코에서부터 어린 소녀들에게 둘러싸여 있었다. 이번에는 키오자에서 쉐러Scherer와 함께 왔을 때보다 더 많은 것을 보았다. 여러 골목과 운하를 거닐었다. 한 영리한 사람이 절반을 벽돌로 막아 좁은 방으로 사용한 아름다운 오래된 아치문이 인상적이었다.

6시부터 8시까지, 돌아오는 길이 멋졌다. 해가 질 때까지 갑판에 있다가 차가운 바람에 밀려 아래층으로 내려갔는데, 그곳에는 많은 사람들과 하모니카 음악, 담배 연기, 웃음소리가 가득했다. 벽에 붙은 의자에 누워 작은 창문을 열고 좁은 구멍을 통해 가까이 있는 물, 저녁노을 진 하늘, 섬들의 실루엣 등을 보았다. 사람들은 어디서나 매우 친절하고, 나는 베네치아 방언을 조금 더 잘 이해하기 시작했다. 베네치아에서 소의 혀와 버터를 사서 자코무치에 갔고, 어제와 같은 피에몬테 화이트 와인을 마셨다. 와인은 향이 좋고 목 넘김이 좋으며, 좋은 알자스 와인을 떠올리게 했다.

† 1903년 4월 22일

거의 잠들지 못한, 좋지 않은 밤이었다. 날씨는 흐리고 부드러우며 비가 올 것 같다. 주데카로 가서 그곳 전체를 샅샅이 돌아다녔다. 좁은 골목길, 어부들의 운하, 꽤 많은 정원, 나무들. 알베레티에서 맛있는 식사를 했는데, 생선은 비쌌지만 다른 것들은 저렴했다. 점심 후 리도로 갔다. 강한 바람이 불고 바다는 폭풍 치듯 아름답고, 멀리까지 하얀 거품이 보였다. 발을 물에 담그고 짧은 낮잠을 잤다. 리알토까지 돌아와서 그곳에서 광장으로 갔는데 콘서트가 열리고 있었다. 비가 조금씩 내리기 시작해서, 오후 대부분을 팔라초 두칼레 홀에서 보냈다. 젖은 행인들의 혼잡함을 즐기며 비 올 때마다 아름답게 연한 색을 띠는 녹색과 은색의 석호를 바라보았다. 단체 여행객이 있었는데, 마치 양 떼처럼 '관광 명소'를 지나쳐 갔다. 프로쿠라치에는 엄청 혼잡했다.

저녁에 자코무치에 갔다. 하루 종일 베네치아를 배경으로 단편 소설 구상을 떠올렸다. 이야기는 똑똑하지만 비통하고 우울한 난쟁이를 중심으로 전개된다. 그는 자신의 주인, 로레단 가문의 잔인함으로 자신의 강아지를 잃게 된다. 복수를 결심한 그는 여주인과 그녀의 애인을 독살할 계획을 세운다. 그들을 곤돌라 여행으로 유인해 '사랑의 묘약'이라는 이야기로 그들의 욕망을 자극한 뒤에 말이다. 하지만 난쟁이 자신도, 여주인의 애인 요구로 먼저 독을 맛 보고는 목숨을 잃고 만다. 이야기는 그로테스크하고 화려하게 꾸며질 것이다.

✢ 1903년 4월 23일

밤새도록 거센 폭풍이 몰아쳤고, 아침에도 폭풍우가 계속되어 거의 11시까지 침대에 누워 있었다. 그 후 작별 인사를 하며 산 마르코 광장과 피아제타를 걸었고, 거대한 종이 정오를 알리는 소리를 기다렸다. 프로쿠라치에서 산책하다가 자코무치에 가서 베르무트 한 잔을 마셨다. 그 후 집에 와서 짐을 싸고 계산을 했다. 2시에 출발했다. 석호는 우울하게 아름답다. 내륙으로 갈수록 하늘이 맑아졌고, 아름답고 비에 젖은 푸른 산들을 지나는 여행은 멋졌다.

피렌체에서의 오후

피렌체, 1904년 4월

낯선 풍경과 도시에서 단순히 유명하고 눈에 띄는 것만을 좇지 않고, 본질적이고 깊은 것을 이해하고 사랑으로 받아들이고자 하는 사람의 기억 속에는 대부분 우연한 일들, 사소한 것들이 특별한 빛을 발하게 된다. 피렌체를 생각하면, 가장 먼저 떠오르는 이미지는 피렌체 대성당이나 시뇨리아의 옛 궁전이 아니라, 보볼리 정원의 작은 금붕어 연못이다.

나는 그곳에서 피렌체의 첫 오후를 보냈다. 몇몇 여성들, 그들의 아이들과 대화를 나누었고, 처음으로 피렌체 방언을 들었다. 수많은 책을 통해 익숙해진 이 도시를 처음 대화를 나누고 손으로 만질 수 있는 실제 존재하는, 살아 있는 것으로 느낄 수 있었다.

그렇다고 해서 대성당과 옛 궁전, 그리고 피렌체의 모든 유명한 것들을 놓친 것은 아니다. 오히려 나는 그것들을 수많은 부지런한 『베데커』 관광객들보다 더 잘 경험하고, 보다 진심으로 내 것으로 만들었다고 믿는다. 그것들은 나에게 있어 여러 작고 사소한 경험들로부터 확실하고 일관되게 자라났다.

내가 우피치 미술관의 아름다운 그림 몇 점을 잊었다 하더라도, 그 대신 주인집 아주머니와 부엌에서 보낸 저녁들, 작은 와인 가게에서 젊은이, 남자들과 수다를 떨며 보낸 밤들, 그리고 현관 앞에서 나의 찢어진 바지를 몸에 걸친 채로 수선해 주며 열정적인 정치 연설과 오페라 멜로디, 유쾌한 민요를 들려주던 수다스러운 교외의 재봉사에 대한 기억이 남아 있다.

다만 내가 할 수 있는 것을 계속할 뿐

구비오, 1907년

천천히 달리는 지방 열차를 타고, 집으로 돌아가는 장터 농민들과 함께 시타 디 카스텔로Città di Castello에서 출발해, 저녁 무렵 구비오Gubbio에 도착했다. 여관에 배낭을 내려놓고, 커다랗고 텅 빈 광장을 지나 산 프란체스코 성당 Chiesa di San Francesco 옆을 지나 저녁의 도시로 들어섰다.

날씨는 쌀쌀하고 비가 내렸으며, 이 기묘한 산악 도시의 좁은 골목은 이미 어둠이 들어차고 있었다. 여행 중 때때로 이상하고 쓸데없는 생각에 빠지듯, 문득 나는 왜 여행하는지, 왜 이탈리아에 있는지, 그리고 왜 하필 오늘 구비오에 있는지 생각하기 시작했다. 그렇다. 왜일까. 여기서 나는 무엇을 찾고 있던 걸까.

피곤했지만, 나는 피할 수 없는 상황을 받아들이고 답을 찾으려 노력했다. 이주 전, 집을 떠나 다시 한번 이탈리아에 오기 위해, 낯선 사람과 낯선 언어, 도시, 건물 그리고 오래된 예술 작품을 보기 위해 여행을 시작했다. 그런데 왜 그랬을까?

왜 집에서 가족과 함께 머무르지 않았을까. 휴식을 취하고 싶어서였을 것이다. 하지만 여행 중에 정말 쉴 수 있던가. 아니다. 그건 미리 알고 있었다. 그래서 휴식을 위해 여행이 시작된 것은 아니다. 그렇다면, 아마 예술을 위해서였을까? 어쩌면 이것이 진실에 더 가까울 것이다. 나는 피렌체 대성당, 아름다운 산 미니아토San Miniato, 프라 안젤리코Fra Angelico의 그림, 도나텔로의 조각을 다시 보고 싶은 갈망이 있었다. 그리고 피렌체를 떠나 새로운 작품을 보기 위해, 웅장한 광장과 골목이 있는 도시, 그리고 거대한 탑이 있는 성, 아름다운 프레스코화로 가득한 벽이 있는 성당을 찾기 위해 계속 여행했다.

구비오는 산비탈에 가파르게 지어진 놀라운 도시로, 환

상적인 궁전과 대담한 탑들이 있으며, 건축이 경이롭다고 들었다. 그런데 나는 왜 이곳까지 오게 되었을까. 단순한 호기심 때문은 아니었고, 연구하기 위해서도 아니었다. 나는 역사가도 예술가도 아니며, '지식'을 모으는 데 큰 야심을 가진 적도 없다. 그렇다면 아마 내 안의 무언가가 굶주림과 욕망을 느꼈기 때문일 것이다. 그렇지 않다면, 어떻게 집에서 수백 마일이나 떨어진 이 오래된 움브리아Umbria의 작은 도시에 와 있을까. 나는 어떤 필요나 결핍을 따라 온 것이 아닐까.

천천히 그것을 정리해 보려 했다. 산 미니아토, 피렌체 대성당의 돔과 탑, 그리고 나를 그 작품들로 다시 이끈 것들에 대해 생각했다. 왜 그것들이 나를 행복하게 했을까. 그것들을 보면서 한 인간의 노력과 헌신이 무가치하지 않다는 것을, 모든 사람이 자신의 삶을 살아가는 압도적인 고독 너머에 모두에게 공통적으로 바람직하고 귀중한 무언가가 존재한다는 것을 느꼈기 때문일 것이다. 어느 시대에나 수많은 사람이 고독 속에서 고통받으며 일해 왔고, 그들의 노력이 이 위안이 되는 공통된 무언가를 가시화하기 위해 기여해 왔음을 알았기 때문일 것이다.

수백 년 전 예술가들과 그들의 조수들이 헌신과 인내로 이뤄낸 작품이 오늘날에도 여전히 수천 명의 사람에게 영감을 주고 있다면, 우리 역시 고독하고 나약함 속에서 계속해서 할 수 있는 일을 하는 것이 절망적이지만은 않을 것이다. 나는 이 위안을 찾았을 뿐, 그 이상은 없었다.

나는 항상 그 공통된 무언가에 대한 지식을 갖고 있었지만, 때때로 우리는 그것을 다시 경험할 필요가 있다. 과거의 것을 현재로, 멀리 있는 것을 가까이로, 그리 아름다움을 영원한 것으로 우리의 감각으로 다시 느껴야 한다. 이러한 순간은 언제나 놀랍고 기쁜 일이다.

미켈란젤로와 프라 안젤리코는 작업할 때, 다른 누군가를 염두에 두지 않는다. 그들은 자신을 위해, 때로는 절박함에 몰려, 불만과 피로의 쓰라린 투쟁 속에서 창작했다. 그들 모두 자신이 만든 작품에 수없이 만족하지 못했을 것이다. 기를란다요는 더 밝은 그림을 꿈꿨고, 미켈란젤로는 훨씬 더 강력한 건축물과 기념비를 꿈꿨다. 오늘날 우리가 가진 것은 그들이 남긴 것뿐이지만, 그들의 노력은 여전히 우리에게 가치 있게 다가온다. 그리고 그것을 통해 우리는 계속 나아갈 용기를 얻는다.

우리가 모두 위대한 선택을 받은 사람이 아니라는 사실은 중요하지 않다. 예술가이든 아니든, 영원한 것이 우연을 이기는 모든 승리를 기뻐하며, 인간의 모든 가치에 대한 불신과 끊임없이 싸우기 위해 위안을 필요로 한다. 그래서 오늘 나는 위대한 인간의 작품을 보며 용기와 신념을 얻기 위해 구비오에 서 있다. 내 고찰은 여기까지 이르렀다. 그동안 나는 점점 더 가파르게 변하는 골목을 올랐다가 거의 평평한 옆길로 접어들었다. 그 순간 예기치 않게 도시에서 가장 큰 중세 시대의 영사관 궁전 앞에 서게 되었다. 모든 생각이 멈추었다.

나는 테라스로 올라갔다가 다시 내려왔다. 그 광경을 보고 또 보며 감탄을 금치 못했다. 오늘은 경탄 그 자체로 끝이었다. 이 건축물의 웅장함과 거의 신성모독적이라 할 정도의 대담함은 정말이지 놀라웠고, 믿기 어려운 흥분을 안겨주었다. 마치 꿈꾸고 있거나 무대 장식을 보고 있다고 생각될 정도여서, 이 모든 것이 실제 견고한 석조로 되어 있다는 사실을 계속해서 확인하지 않을 수 없었다.

    이런 큰 놀라움을 안은 채로 도시를 계속 돌아다녔다. 1시간 동안 거의 마비된 듯한 황홀경에서 깨어나지 못한 채로 말이다. 골목은 새롭게 들어설 때마다 나를 맞이했고, 모두 가파르고 조용하며 대담했다. 거기에 높고 벌거벗은 석조 건물이 가득 차 있었고, 소리가 울리는 포장도로가 있었다. 여기저기 작은 정원이 있었고, 높은 벽 위에 인위적으로 불안하게 매달린 정원이 작은 땅 조각처럼 있었다. 산 위로는 끝없이 가파른 길이, 산 아래로는 어지러운 계단식 골목의 풍경이 펼쳐졌다. 내 신발 밑창은 징을 박아 놓았던 터라, 비에 젖은 포장도로에서 수없이 미끄러졌다. 그러면서도 이 가파르고 믿을 수 없을 정도로 힘들게 지어진 도시의 발치에 펼쳐진 드넓은 푸른 평야가 뻗어 있는 모습을 보는 것이 우스꽝스럽게 느껴졌다. 도시 전체는 상대적으로 거대한 규모의 건축물과 벽들로 인해 과시적인 인상을 주기보다는, 오히려 절박함에서 비롯된 것처럼 보였다.

밤이 깊어질 무렵, 지치고 혼란스러운 상태로 다시 여관에 돌아왔다. 저녁 식사를 요청하고, 잠자리에 들 때까지 레드 와인을 마시며 생각에 잠겼다. 내 이론은 더는 완전하게 들어맞지 않는 것 같다. 이 유별난 도시가 주는 혼란스러운 인상이 아직 명확히 해소되지 않았다. 나는 내 여행 동기를 순수한 놀라움을 느끼며, 일상의 책임감에서 잠시 벗어나 단순한 관객으로 지내고 싶은 욕구라고 생각했다. 하지만 이런 생각의 무의미함이 이미 나를 웃게 하고 있었다.

침실은 얼음처럼 차갑고 습했지만, 침대는 훌륭했다. 9시간 동안 푹 자고 나니, 상쾌하고 완전히 건강해졌다. 아침에 눈을 뜨자, 더는 쓸데없는 고민을 하지 않게 되었다. 이제 모험하듯, 이 기이한 도시를 경험할 시간이다.

도시의 거리에는 격정적인 열정이 가득 차 있었다. 그 속에 파묻혀 걷는 동안, 오래된 건물들이 마치 격렬한 몸짓으로 오래전 이곳에서 끓어 올랐을 뜨거운 삶을 연기하는 듯한 인상을 받았다. 오늘날 주민들 사이에서는 그러한 흔적을 전혀 찾아볼 수 없지만 말이다. 가파른 경사나 제한

된 공간이라는 지형적인 특별한 어려움과 별개로 이 도시의 모습은 야심에 차 있어 보인다. 아주 좁은 땅에 아찔하게 올라선 높은 탑과 거대한 성채 궁전, 심지어 가파른 산 가장자리의 거대한 수도원과 성이 그러한 인상을 더욱 선명하게 해 주었다.

구비오는 산비탈의 3분의 1 정도만 차지하고 있다. 가장 높은 벽과 문 너머로 황량한 산이 엄숙하게 솟아 있다. 오래된 예배당은 붉은 벽돌로 지어져 있고, 맨 꼭대기에는 요새와 같은 거대한 수도원이 있다. 약 1,000미터 높이의 이 산은 마치 나를 유혹하듯 솟아 있었다. 중세 도시에서 받은 강렬한 인상을 뒤로 하고, 밖으로 나가 산을 바라보고 싶은 충동이 일었다. 그곳이라면 산악 지형의 형상을 통해 옛 건축가들의 도전적이고 대담한 정신을 어느 정도 이해할 수 있을 것으로 생각했다.

나는 마지막 도시 성문에서 천천히 올라가기 시작했다. 곧 푸르른 계곡 평원이 발아래 펼쳐졌다. 정비된 도로는 큰 규모로 굽이굽이 수도원까지 이어졌다. 길 한쪽에는 사이프르스가 줄지어 서 있었다. 아까 보았던 붉은 예배당은 이곳에서 보니 크게 훼손되어 거의 무너질 것 같았다. 강력한 힘을 가지고 위협적으로 느껴졌던 도시는, 이곳에 오르니 발아래에서 자그마하게 여겨졌다. 그러자 도시는 이상하리만치 평화로워 보였다. 가파른 산기슭에 자리 잡은 건물들은 이곳에서는 오히려 평평하게 보여 겸손하게 여겨졌다. 스산한 성과 탑은 장난감처럼 작고 약해 보였다.

산 정상에는 강하고 차가운 눈보라가 일고 있었다. 발걸음을 옮기던 길이 끊기고, 나는 희미하게 나 있는 염소들의 길을 따라 가게 되었다. 황야와 돌무더기, 바위 계단을 지나자 정상으로 이어졌고, 그 뒤로는 길이 사라져 있었다. 알프스의 공기 같은 추위가 점점 몰려왔고, 고독했다. 이제 도시는 거의 보이지 않게 되었다.

마침내 정상에 도달하자, 나는 잠시 충격에 빠져 멈춰 설 수밖에 없었다. 맞은편에는 웅장하고 장엄한 산악 세계가 펼쳐졌고, 내 앞으로는 가파르고 험한 협곡이 아찔하고 깊게 펼쳐져 있었다. 좁은 협곡의 양옆으로는 붉은색의 거대한 절벽이 황량하게 마주하고 있었다. 오직 중간 부분에

만 약간의 덤불과 풀이 자라고 있었고, 그곳을 자세히 보니 작은 염소 무리와 어린 목동이 두려운 듯 매달려 있었다. 내가 이제 막 오른 정상은 눈으로 뒤덮여 있었다.

 푸른 평야, 과수원으로 둘러싸인 언덕, 궁전과 오래된 도시들, 그리고 내가 알고 있던 이탈리아의 모든 것이 사라졌다. 나는 오로지 거칠고 험한 낯선 지역에 서 있을 뿐이었다. 멀리까지 시선을 두어도 어떤 집이나 마을도 보이지 않았다. 사람이라고는 아까 본 어린 목동과 그 아래 붉은 협곡에 있는 한 명의 기수뿐이었다. 그 기수는 망토와 뾰족하고 커다란 모자를 쓴 채, 등에 총을 메고 노새 위에 올라 계곡을 따라 쉐지아Scheggia를 향해 가고 있었다.

어둠 속에서 흥얼거리는 노래

몬테팔코, 1907년 3월

이른 봄이 나를 산 너머의 남쪽으로 유혹했다. 친숙한 길을 따라 볼로냐, 피렌체, 아레초Arezzo를 잠깐씩 머물며 여행을 떠났다. 다시 한번 초록의 움브리아를 걷고 싶었다. 어느 날, 작은 마을의 가면무도회에 참석했던 폴리뇨Foligno에서 출발해, 비와 깊은 진흙을 뚫고 산악 도시 몬테팔코Montefalco에 도착했다. 이 도시는 대담하게 자리 잡고 있으며 견고하고 도전적이며 전투적으로 보이지만, 오늘날에는 세계에서 가장 평화로운 곳 중 하나로 프란치스코회 예술의 조용한 집결지이다.

오래된 성문을 지나 가파르고 좁고 어두운 길이 산 위로 이어지며, 보이는 것과 지나치는 모든 게 오래되고 중세

적이다. 또한 돌로 만들어져 대담하고 강한 인상을 준다. 회반죽 없는 높은 석조 건물들 사이로 아주 작은 골목, 오래된 탑과 문, 성채, 성당들. 그리고 도시 성벽들이 그곳에 자리 잡고 있다.

정상에 도착하자 차갑고 매서운 바람이 나를 맞이했다. 외투를 꽁꽁 싸매고 인상적인 광경을 바라보았다. 오래된 성벽 너머에 사방으로 움브리아의 풍경이 펼쳐져 있었다. 밝고 푸르지만, 아직 눈 덮인 높은 산들은 거대한 원을 그리며 그 풍경을 둘러싸고 있었다. 어디를 보든 가까이, 혹은 멀리 유명한 옛 성지가 보였다. 스폴레토Spoleto, 페루자Perugia, 아시시Assisi, 폴리뇨, 스펠로Spello, 테르니Terni가 있고, 그 사이에 수백 개의 작은 마을과 성당, 농장, 수도원, 성, 별장이 있다. 이곳은 역사로 가득 찬 땅이며 로마 시대와 그 이전의 기념물로 가득 차 있다. 우리가 라틴어 학생으로서 자주 읽었던 작은 클리툼누스강도 흐르고 있다.

공기는 습하고 서늘하며 어두웠다. 넓은 하늘은 빠르게 움직이는 무거운 구름으로 뒤덮여 있었고, 북쪽에는 봄의 천둥소리가 들려왔다. 창백한 노란색의 짧고 강렬한 햇살이 이곳저곳에서 나타나 거대하게 펼쳐진 풍경 속에서 먼 도시, 먼 수도원, 산등성이 또는 멀리 떨어진 강의 굽이를 유령처럼 비추다가 잠시 후 사라졌다. 간간이 비가 내렸고, 그리고 나자 갑자기 온 땅과 하늘의 절반을 가로지르는 크고 당당한 무지개가 나타났다.

경이로움에 빠진 채 조용히 광장을 가로질러, 한 성문을 나가고 다음 성문으로 다시 들어가며, 구석구석과 가파른 골목을 걸었다. 그러다 도시 밖에서 멋진 정원을 발견했다. 안으로 들어서자, 아무도 살지 않는 약간 방치된 별장이 있었다. 그곳의 오래된 사이프러스 아래에서 쉬며 푸른 평원 위로 넓은 그림자와 좁은 햇살 띠가 번갈아 가며 노는 것을 보았다. 근처에는 아시시와 포르치운콜라Porziuncola가 있었다. 성 프란치스코와 오래된 움브리아 예술이 이 땅에 가져온 사랑스러움과 마법으로 아름답게 변모한 성스러운 장소들이었다.

나는 이 프란치스코 예술을 조금 더 따라가 보았다. 아시시를 제외하고는 여기 몬테팔코만큼 이를 잘 볼 수 있는 곳이 없다. 나는 성당과 회랑 예배당에서 문 위와 제단 위에서 부드럽고 친절하며 경건한 모습의 인물들로 가득한 오래된 프레스코화를 보았다. 아름답고 자비로운 성모 마리아와 젊고 우아한 성인들의 모습이었다. 성경 이야기와 성인들의 삶을 그린 경건한 그림들이 있었는데, 어떤 것은 진지하고 우울했고, 어떤 것은 열정적으로 겸손했고 또 어떤 것은 어린아이처럼 즐겁게 웃고 있었다.

나는 잊지 못할 희귀한 광경을 보았다. 스폴레토Spoleto 성문 근처에 있는 성당에서 이름은 잊어버렸지만, 15세기의 한 젊은 여인이 방부 처리되어 유리관에 잘 보존된 채 누워 있는 것을 보았다. 그녀는 풍성한 천으로 완전히 감싸여 있었고, 얼굴만 볼 수 있었는데 그 형태가 완벽하게 보존되어 있었다. 이 아름다운 고인은 15세기의 귀족으로 우리가 알고 있는 그 시대의 그림들, 특히 기를란다요와 보티첼리, 필리포 리피가 그린 선명한 윤곽의 피렌체 귀족 얼굴과 매우 닮아 있었다. 도시를 걸어 다니며 만난 친절한 신부님이 나를 안내해 주었고, 이 관을 보여 주었다. 관은 제단 안에 숨겨져 있었고, 여러 개의 서랍과 자물쇠로 보호되어 있었는데, 그 친절한 안내자가 그것을 열어 주었다. 수세기 동안 잠들어 있는 고인의 모습은 약간 섬뜩하고 기이하기도 했지만, 감동과 우아함으로 가득 차 있었다. 나는 고인의 이름을 물어볼 마음이 없었고, 그녀의 이름을 아는 사람이 있는지도 모르겠다.

저녁 무렵이 되자 하늘이 다시 어두워졌고, 돌로 된 도시는 죽은 듯한 느낌이 들었다. 곧 그 위로 폭우가 쏟아졌다. 도시 성벽 안에서는 단 한 그루의 나무도 보지 못했던 것 같다. 물은 매끄러운 타일 위로 작고 빠른 시내처럼 흘러 골목을 따라 내려갔고, 밖에는 사람과 동물 모두 전혀 보이지 않았다.

나는 비에 흠뻑 젖어 추위에 떨며 유일한 작은 여관을 찾아갔다. 거기서 저녁 식사를 주문한 유일한 손님으로 매우 높고 차가운 돌로 된 홀에 앉았다. 그 홀에는 높이 설치한 두 개의 창문으로 올라가는 작은 돌계단이 있었다. 불씨가 담긴 양철 대야가 들어와 내 발치의 벽돌 바닥에 놓였다. 외투를 두르고 모자를 쓴 채 작은 불씨 위로 발을 뻗고 앉아, 불안정한 램프 불빛 아래 높은 벽에 걸린 왕가의 초상화들을 바라보며, 추위와 어둠 속에서 주인이 와인과 음식을 가져올 때까지 혼자 몇 곡의 슈바벤Schwaben 민요를 흥얼거렸다.

    쌀과 약간의 양고기, 신선한 염소 치즈로 구성된 맛있는 식사 후에도, 여전히 약간의 추위가 머무르고 있었다. 테이블에 앉아 이탈리아산 검은 시가를 피웠다. 하지만 그렇게 오래는 있을 수 없었다. 조금 뒤 나는 너무나도 넓고 어둡고, 으스스하게 조용한 그 방을 나와, 온기를 찾아 집 안을 돌아다녔다. 그러다 뒤쪽 작은 부엌에서 주인과 그의 아내, 그리고 그들의 아주 연로한 아버지가 빛나는 개방형 장작불 앞에서 편안히 웅크리고 있는 것을 발견했다. 벽돌 위에서 불꽃이 밝고 순하게 타오르고 있었고, 부드러운 파란 연기가 거대한 검은 굴뚝 속으로 사라져 갔다. 나는 그들 옆에 있는 아주 낮은 짚 의자 중 하나에 앉아, 온기와 벽을 따라 춤추는 불빛을 즐겼다. 그 불빛은 곳곳에 그림자극을 만들어 내고 여기저기 구리와 주석 그릇에서 밝게 빛났다.

    곧바로 그들은 내가 좀 전에 어떤 노래를 불렀는지 물었다. 그들이 나의 노래를 들은 것이다. 그래서 나는 그중 몇 곡을 다시 불렀고, 그들에게 어떻게 생각하는지 물었다. 주인은 미소 지으며 노래를 크게 칭찬했지만, 그것이 찬송가가 아니라는 것을 전혀 믿으려 하지 않았다. 나는 〈이제 나는 샘터로 가네 Jetzt gang i an's Brünnele〉 같은 노래를 불렀는데, 이는 우리에게는 꽤 세속적인 노래로 여겨지며, 결코 성스러운 찬송가로 간주 되지 않는 것들이다. 나는 여기서 노래 자체나 내 노래 실력이 제대로 평가받지 못한다는 걸 느꼈지만, 이탈리아 사람들은 항상 예의 바르기 때문에 내 노래를 칭찬해 주었다. 주인 아주머니는 내 공연에 대한 감사의 표시로 오래된 와인 한 병을 가져왔고, 우리는 함께 나누어 마셨다.

불은 타오르며 탁탁 소리를 내고, 아직 푸른 일부의 밤나무 장작은 지글지글 가스를 내뿜었다. 주인의 영리하고 잘생긴 사냥개 그라페는 우리 무릎에 머리를 비비며 난로의 따뜻함을 즐기며 몸을 편안하게 늘어뜨렸다. 우리는 피렌체와 로마, 스위스와 독일에 관해 이야기를 나누었고, 세상이 얼마나 큰지에 대해서도 이야기했다. 때때로 노인은 올리브 나뭇가지 한 줌이나 파란색 녹색 불꽃을 내는 울퉁불퉁한 오래된 포도나무 가지를 불에 던졌고, 주인 아주머니는 가끔 하품을 했다. 그녀가 더 자주, 더 깊게 하품을 하자 나는 "안녕히 주무세요."라고 인사를 건네고 모두와 악수하고 내 방으로 향했다. 방의 창문 밖으로 잠을 부르는 서늘한 빗소리가 노래하고 있었다.

신비롭고 고요한 물

베네치아, 1911년

베네치아를 한 번도 보지 못한 사람 중, 베네치아 예술의 진지한 애호가가 있을 수 있는지 종종 생각해 보곤 했다. 나 자신도 베네치아 예술에 대한 깊은 존경심에도 불구하고 항상 냉철한 감상자일 뿐이었다. 밀라노와 피렌체에서 화려한 그림들, 특히 우피치 미술관의 티치아노 작품을 열심히, 그리고 성실하게 관람했지만, 초상화를 제외하고 그 어떤 작품에서도 완벽한 이해에서 비롯되는 달콤하고 깊은 '완전한 감탄'의 감정은 느끼지 못했다. 가령 갈색으로 빛나는 톤과 배경의 동화 같은 짙은 파란색을 자연에서 보다는 색채에 열광하는 화가의 황홀경에서 찾아야 할 것 같은 낯설고 시적인 것으로 느꼈다. 그리고 티치아노의 성숙하고 풍부한 아름다움은 특히나 트리부나에서는 토스카나 화가들의 섬세하고 영적인 예술에 비해 영혼이 없는 거의 평범한 작품처럼 보였다.

베네치아에 도착한 후 며칠 동안, 우연히도 그 어떤 미술 컬렉션도 방문하지 않았다. 눈을 쉬게 하고 싶었고, 볼로냐에서부터 이류 컬렉션에 지쳐 있었다. 피렌체와 비교하면 볼로냐의 미술관은 상한 음식 같았기 때문이다. 그동안 베네치아의 거리, 운하, 광장, 석호와 섬들을 돌아다녔다.

부라노, 토르첼로, 리도, 키오자를 방문했고, 이 햇빛 가득한 무더위로 인해 피곤한 여정에서 나는 무의식적으로 석호의 기이한 아름다움과 물의 향기, 바다에 비치는 빛의 반사, 그리고 석호 표면에서 기묘하게 반짝이는 색채를 흡수했다. 그리고 마침내 아카데미아 미술관과 팔라초 두칼레를 방문했을 때, 베네치아 회화는 갑자기 이상하리만큼 친숙하고 사랑스럽게 여겨졌다.

문득 황금빛 갈색, 풍부한 빛의 유희와 색채의 조합뿐만 아니라, 겉보기에 영혼 없어 보이는 이 아름다운 인물들과 풍경의 구체성도 이해하게 되었다. 나 자신이 이제 그렇게 보는 법을 배운 것이다. 그리고 이제 날이 갈수록 이 낯선 아름다움의 비밀이 더 깊고 완전하게 내게 열렸고, 나는 이제 베네치아를 사랑하게 되었다. 환상적이고 회화적인 궁전 건축부터 곤돌리에레와 어부들의 삶, 그리고 섬의 부드러운 방언까지 알게 되었다. 물론 나는 외국인처럼 지내지 않고, 현지의 관습에 따라 먹고 마시고 움직였으며, 밤에는 작은 광장인 피아제타의 계단에 앉아 있었다. 낮에는 굴잡이들의 배에 누워 지냈고, 생선과 과일을 먹고 살았다. 그렇게 하지 않았다면, 내 얼마 남지 않은 여행 자금으로 어떻게 비싼 베네치아에서 몇 주간 살 수 있었겠는가.

나는 이때의 깊고 친밀한 추억의 보물을 간직하고 있다. 베네치아의 기이하게 화려하고 풍부한 문화로 서서히 빠져들어간 것, 섬마을에서 본 어린아이들의 모습, 다양한 사람과의 대화, 해안가의 소녀들, 그리고 바다와 석호를 가로지르는 여행, 뜨거운 정오와 푸르스름하게 빛나는 밤의 여행, 폭풍우 치는 구름 아래와 별이 맑게 빛나는 하늘 아래에서의 여행! 하지만 이 모든 것은 다음에 이야기하겠다. 오늘은 석호의 회화적 특질에 관한 내 노트 속 구절만을 그대로 전하고자 한다. 이 노트들은 취향이나 견해와는 관계 없으며, 단순히 소박한 관찰을 모은 것이다. 하지만 아마 자연을 사랑하는 이들에게는 흥미로운 이야기가 될 것이다.

나는 이 이야기를 전하며, 인사와 더불어 이해를 함께 구하고 싶다. 내 작은 책은 여행 기록도, 시도 아니다. 이 책은 그저 방랑자이자, 고독한 자의 감정을 진실한 말로 담아내고, 삶과 영혼의 한 조각을 전하며, 내가 알지 못하는, 고향 없이 방황하는 형제들에게 보내는 인사일 뿐이다.

그럼에도 불구하고 나는 이 아름답고 고요한 물의 도시를 사랑하는 이들이 내 말을 통해, 곤돌라 노 젓는 소리와 피아제타의 계단, 산 조르조 마조레 성당의 계단, 살루테 성당, 그리고 대운하 궁전 옆 지친 곤돌라 말뚝에 부딪치는 파도의 조용한 리듬을 종종 들을 수 있을 것이라 믿는다. 그리고 나는 내 글 속에 이 경이로운 도시와 다채롭고 성숙한 문화의 숨결이 남아 있기를 바란다. 뜨거운 오후의 석호 여행과 리도의 아침 해변 산책이 그대들 곁에 펼쳐질 수 있기를 바란다.

처음 베네치아를 방문한 지 이제 10년이 되었다. 그때는 내 첫 이탈리아 여행이었고, 오랫동안 기대하고 돈을 아껴 모아 온 여행이었다. 먼저 밀라노를 거쳐 피렌체로 갔고, 토스카나에서 몇 주를 보냈으며, 볼로냐와 라벤나를 방문한 후 파도바에 잠시 머물다 베네치아에 도착했다.

당시 나는 모든 여행에 작은 노트를 가지고 다녔고, 거의 매일 밤 기록을 남기곤 했다. 그 노트들을 통해 여행의 여운을 집으로 가져가길 희망했다. 지금은 또 다른 이탈리아 여행 중인 내 손에는 첫 베네치아 여행 때 함께했던 두 권의 작은 밀랍 노트를 쥐고 있다. 그 시절 그 여행은 기이한 감정을 불러온다. 얼마나 빠듯했던지, 나는 동전에 의존했고 불안하게 이탈리아에 남은 날이 얼마일지 자주 가진 돈과 비교하며 계산했다. 하지만 한 주씩은 항상 어떻게든 더 지낼 수 있었고, 절약할수록 오히려 더 즐거웠다. 그렇게 지내면서 나는 부유한 곤돌라 승객들보다 베네치아를 훨씬 더 잘 알게 되었다.

당시 나를 매혹시키고 몰두하게 한 것은 수수께끼 같은 도시 자체보다도 석호, 즉 도시와 섬이 떠 있는 신비롭고 고요한 물이었다.

이탈리아를 여행하는 세 가지 방식

1912년

　이탈리아를 여행하는 사람은 주로 세 가지 유형으로 나뉜다. 첫 번째는 루가노Lugano나 볼차노Bolzano에서부터 나폴리Napoli까지 빠르게 훑고 지나가며 신속하게 여행을 끝내는 이들이다. 두 번째는 주요 도시들 중 하나, 대개는 로마에 매료되어 계속해서 그곳으로 돌아가는 이들이다. 그들은 다른 도시를 방문할 계획을 세우지만 결국 실행에 옮기지 못한다. 그리고 세 번째 유형, 즉 나 자신이 속한 이 유형은 이탈리아를 완전히 알아가는 것을 이상으로 삼지만, 게으름과 편안함에 빠져 한 곳에서 너무 천천히 음미하며 머무르느라 결국 모든 곳을 보지 못하는 이들이다.

나도 그러했다. 곧 열 번째 이탈리아 여행을 앞두고 있으나, 아직 로마를 보지 못했다. 로마행 티켓을 두 번이나 주머니에 넣고 있었음에도 말이다. 한 번은 오르테Orte에서, 다른 한 번은 오르비에토Orvieto에서 내렸다. 그렇게 나는 로마 성문 앞에 이르기까지 수많은 이탈리아의 도시와 작은 마을을 알게 되었다. 이제는 더 이상 서두르거나 찾지 않는다. 언제든 조용히 다시 만날 수 있다는 사실만으로도 이탈리아에 대한 나의 사랑은 서서히 깊어졌다.

일상에서 흐르는 음악적 리듬

파도바, 1913년

아름다운 풍경, 화려한 건축과 회화, 그리고 교양 있고 사랑스러운 사람들, 이 모든 것이 나를 끊임없이 강하게 끌어당긴다. 삶의 자연스러운 활기와 아름다움, 이탈리아 일상에 흐르는 음악 같은 리듬, 사람들의 예의 바르고 우아한 태도, 여성들의 아름다움, 그들의 걸음걸이와 시선까지 이 모든 오래된 것들이 풍요롭게 어우러져 완성된 도시의 장엄한 모습은 너무도 인상적이다. 이곳에 머무를 때마다 점점 사랑스럽고 친숙해져서, 집으로 돌아올 때면 내 주변의 모든 것이 잘못된 것처럼 아름답지 않게 느껴진다.

이번에는 이전에 가보지 못했던 북부 이탈리아의 여러 도시에 들렀고, 전에 잠시 들렀던 도시에도 방문했다. 코모Como, 베르가모, 크레모나Cremona, 만토바Mantova, 파도바, 베로나, 밀라노…. 그리고 괴테Goethe가 안드레아 팔라디오Andrea Palladio에 대해 글을 썼던 비첸차에도 방문했다. 이번 여행을 통해 예전처럼 그림에 대한 관심이 크지 않고, 대신 건축과 풍경에 더 많은 관심이 간다는 사실을 알게 되었다. 나의 첫 이탈리아 여행 때도 파도바의 인상은 아주 좋았는데, 이번에도 마찬가지였다.

파도바는 현대적인 도시로서 깨끗하고, 부유하며 많은 학생이 있는 곳이다. 파도바 대학은 오늘날에도 여전히 최고의 자리를 지키고 있는 몇 안 되는 고대 이탈리아 문화의 중심지이자 대학 중 하나로, 단테와 조토도 한때 머물렀던 곳이다. 단테의 영향력은 여전히 놀랍다. 단테에 대한 학술적인 강의 뿐만 아니라 대중적인 강의도 볼 수 있으며, 단테 학회Societa Dantesca는 단테의 정신을 계승한 일종의 현대 문화 단체 같은 역할을 하고 있다.

오랜 시간 꿈꿔온 풍경

베르가모, 1913년

 현대적인 기차역과 도시가 나를 맞이했다. 넓고 웅장한 거리에는 불 켜진 레스토랑과 상점이 늘어서 있었고, 비가 오는 어두운 저녁임에도 불구하고 사람들은 산책을 즐기고, 트램은 사람으로 가득 찼다. 구시가지와 케이블카 정류장을 향해 갈수록 트램의 사람은 점점 줄어들었고, 결국 나는 거의 혼자 케이블카를 타고 언덕을 올랐다. 내 아래로는 활기찬 저녁 도시의 불빛이 사그라들고 있었고, 위로는 흔한 시멘트로 된 플랫폼이 나를 맞이했다. 호기심에 차서 밖으로 나가자 어느새 나는 어두운 옛 도시의 한가운데에 있었다. 좁고 텅 빈 골목이 나를 맞이했고, 상점들은 문을 닫고 있었다. 갑자기 믿기지 않을 정도로 높은 탑이 건물들 사이에서 솟아올라 밤하늘로 사라졌다. 갑자기 남부 토스카나나 움브리아의 작은 산악 도시에 온 것 같았다.

얼마 지나지 않아 골목은 놀랍게도 큰 광장으로 흘러 들어갔다. 오른쪽에는 긴 아케이드가 있었고, 그곳에서 저녁 산책객들이 파이프를 피우고 있었다. 왼쪽에는 잘 보이지 않는 큰 기념비가 보였는데, 현대적인 것으로 보아 아마도 주세페 가리발디Giuseppe Garibaldi, 이탈리아의 통일을 이끈 영웅 동상일 것 같았다. 그 뒤에는 어둡고 고풍스러운 건물이 있었고, 무거운 기둥들과 아름답게 굽은 아치들이 있었다. 광장 전체에는 희미하게 밝혀진 작은 카페의 창문이나 약국 창문 외에는 생기가 없었다. 약국 창문에는 녹색과 주황빛 병들이 마치 보석처럼 빛나고 있었다. 나는 깊이 숨을 들이쉬었다. 오랜만에 이렇게 오래된 이탈리아 마을에, 거기다 밤의 풍경으로 성큼 들어와 있었다. 어떤 예감에 찬 어둠에 이끌리고, 갑자기 나타난 고귀한 건축물에 놀라며, 좁은 돌로 된 골목의 습한 공기를 들여 마시게 되었다.

아침이 밝아오고, 가장 먼저 어제의 그 광장으로 다시 향했다. 이제 햇빛 아래에서 그곳은 밤의 모든 약속이 이루어진 듯했다. 단지 가리발디 동상만이 빛을 잃었는데, 그는 너무도 커다란 받침대 위에 초라하게 서 있었고, 네 마리의 사나운 사자는 다시 보니 어리석을 뿐 아니라, 너무도 작았다. 아치형 홀이 있는 궁전에는 베르가모의 유명한 도서관이 있었고, 수백 권의 초기 인쇄본을 소장하고 있다고 한다. 내가 원했다면 볼 수 있었겠지만, 그럴 마음이 없었다. 오목한 기와 지붕을 기둥들이 받치고 있는 거대한 계단이 있었다. 나는 기대에 찬 마음으로 그곳과 홀을 지나쳤다. 시인 타소Torquato Tasso를 표현한 활기찬 바로크 조각상을 지나니, 어젯밤 유령처럼 보였던 두 성당 건물이 맑고 선명한 아침 햇살 속에 당당하게 서 있는 모습이 보였다. 근처에는 대성당이 있었고, 입구 앞에는 넓고 웅장한 계단이 있어 장엄하고 밝은 모습이었다.

그 옆, 내 바로 앞에는 산타 마리아 마조레 성당Basilica di Santa Maria Maggiore과 그에 붙어 있는 기묘하고 화려하게 장식된 콜레오니 예배당Cappella Colleoni이 있었다. 성당 정문 앞에는 작고 높은 현관이 있었다. 여섯 개의 소박한 돌계단, 사자들이 받치고 있는 두 개의 기둥 위에 넓은 로마네스크 양식의 둥근 아치가 있었고, 그 위에 높고 대담한 고딕 양식의 구조물, 세 개의 벽감(壁龕)이 있는 일종의 작고 우아한 홀이 있었다. 각 벽감에는 소박한 옛 조각상이 있었고, 가운데 조각상은 말을 탄 모습이었다. 그 위에 또 하나의 좁고 뾰족한 지붕의 층이 있었는데, 앞에는 두 개의 밝고 예쁜 기둥이 있는 작은 방과 그 안에 세 명의 성인이 있었다. 이 모든 것이 꺾기 쉬운 우아함과 자연스럽게 자란 순수함, 그리고 익명성의 매력이 있었다. 이 같은 예술 작품들은 원시 민족의 작품처럼 한 개인의 머리에서 나온 것이라기 보다는 부족, 그리고 세대 전체의 사고와 감정에서 나온 것 같았다.

성당에 들어가기 전, 콜레오니 예배당의 과장된 파사드가 내 시선을 끌었다. 그 구조는 아마 처음에는 아름답고 단순했을 것이다. 오래되고 입증된 배열을 멋지게 반복한 것이었을 테니 말이다. 정문과 두 개의 측면 창문, 정문 위의 큰 장미창, 위쪽에는 마무리로 밝고 가벼운 갤러리와 작고 우아한 기둥들이 있었다. 하지만 뭔가 꼭 맞는 느낌은 주지 못했다. 전체가 완전히 조화롭거나 완벽하게 어울리지 않았고, 벽과 돔 사이에 뭔가 비어 있는 모습이 무언가 해결되지 않은 것처럼 보였다. 게다가 파사드 전체가 나중에 성당 내부에서 새로운 배치로 인해 불필요해진 수백 개의 조각들로 덧붙여졌다. 그곳에는 기둥들과 작은 기둥들, 온갖 재료로 만든 부조, 초상화들과 작은 천사들이 가득했고, 이 모든 것의 바탕이 된 두 가지 색의 대리석은 무늬 많은 불행한 현대 바닥재처럼 주사위 배열을 모방하고 있었다.

그 모습은 눈에 거칠게 박혔고, 마치 자연의 법칙에 어긋나 홀로 튀는 것처럼 여겨졌다. 아, 때로는 이탈리아인들도 이렇게 진정한 취향의 부족함과 심각한 실수를 저지르고 만다. 그런데 이는 오히려 안도로 다가오기도 한다. 그들은 분명 종종 표면적으로 대담하고 기교가 뛰어나지만, 우리나라에서는 거의 규칙처럼 되어버린 이런 심각한 실수를 건축과 장식에서 저지르는 일이 드물게 발생한다.

나는 이런 장식에 겁먹지 않고 예배당 안으로 들어갔다. 그곳에는 베네치아의 장군 콜레오니와 그의 딸이 묻혀 있으며, 오늘날까지도 경건한 장군의 수백만 기부금으로 매일 그를 위한 미사가 봉헌된다. 깊은 벽감 속 그의 관 위에는 금으로 도금된 말을 타고 있는 장군의 모습이 있었다. 약간 뻣뻣한 위엄과 위대한 속에서도 아름답게 여겨졌다. 옆 벽에는 그의 어린 딸이 작고 섬세하게 돌로 조각되어 있었다. 그녀는 돌로 된 베개 위에서 잠들어 있었고, 알 수 없는 예술가에 의해 영원히 기억되어 감동적인 아름다움 속에서 무의식적으로 아버지와 같은 지속성과 명성을 향해 흘러가고 있었다.

이제 나는 기둥을 받치고 있는 붉은 빛의 사자상들이 있는 정문을 지나, 대성당으로 향했다. 그곳으로 향하는 발걸음에는 호기심이 가득했다. 성당 안에 들어서자마자 경건하고 장엄한 빛과 향기가 나를 둘러쌌다. 어두운 제단화와 희미한 프레스코화 위로 황금빛 어스름이 비치고, 벽감과 벽에는 온갖 조각과 새김이 있었으며, 도처에 화려함과 부가 넘쳐나 그 모습이 꼭 낭비처럼 여겨졌다. 이 축적

된 화려함을 지나는 동안 과거의 자랑스러운 열기와 자신감이 느껴졌다. 스쳐 지나가며 돌로 된 얼굴, 그려지거나 잘 짜인 풍경, 황금 장식을 살펴보았다. 발걸음을 계속 내딛는 동안 방금 본 것들은 잊혀버리지만, 풍성한 화려함과 품위 있는 어둑함의 울림은 남아 있다. 하지만 절대 잊을 수 없는 것이 있는데, 바로 이 특별한 성당의 성가대석이다. 수십 개에 달하는 이 의자의 등받이 판은 모두 목재 상감象嵌 기법으로 세공되었다. 로렌초 로토와 다른 베르가모 예술가들의 그림을 바탕으로 자르고 조립된 그림들이다. 할아버지, 아들들, 손자들이 이 작업에 참여했고, 150년 이상 이 판들에 대한 작업이 이루어졌다. 이 시간과 노력이 절대 아깝지 않다. 이 충실하고 섬세한 독특한 예술은 다른 어떤 것보다 큰 행복을 준다. 갈색, 노란색, 녹색, 흰색, 꿀 빛의 나무들이 모두 같은 향기와 세월의 황금빛을 띠고 있으며, 따뜻한 색조로 부드럽게 빛나고 있어 눈에 편안한 휴식을 가져다 준다.

거기에는 아브라함이 하갈을 내쫓는 장면, 솔로몬이 판결 내리는 장면, 다윗이 사울 앞에서 하프를 연주하고 거인을 물리치는 장면, 유디트가 홀로페르네스의 천막에서 나오는 장면 등이 있다. 왕들과 족장들이 천막과 사원에서, 또는 표현력 있고 그리움 가득한 나무들과 바위투성이 산맥이 있는 아름다운 풍경 속에서 걷고 행동한다. 여기저기 특별하게 빛나는 판이 있고, 섬세한 그림 아이디어가 행복감을 주며 빛난다. 이 많은 그림은 150년 동안 작업 되었음에도 한결같이 가장 사랑스러운 작업의 매력, 한결같이 깊고 풍부한 톤, 그리고 인내심 있는 정확성과 우아함을 품고 있다. 오직 수도사들의 세밀화에서만 이런 고귀함을 느꼈고, 편안하게 색칠하고 싶은 생각이 들었다. 이 작품을 만든 이들은 아마 조용하고 섬세하며, 인내심 있는 사람들이었을 것이다. 그들은 지치지 않는 예술성으로, 하루하루가 지나는 걸 모르는 채, 우아한 묘사 속에 자신을 투영하며 스스로의 기술을 즐겼을 것이다. 일본의 목공예품이나 중국의 자수를 볼 때도 이런 느낌이 든다.

나는 대성당을 한 번 더 둘러보았다. 그곳은 금색과 흰색으로 꾸며져 있었는데, 이상하게도 소박함과 결합 화려함이 있었다. 그 후 작은 광장으로 향하는 비스듬한 길의 햇살이 나를 불렀다. 햇살의 유혹에 따라 그곳으로 발을 옮겼다. 광장으로 향하는 길의 자갈 틈 사이에는 연한 녹색 잔디가 가느다랗고 뾰족하게 자라고 있었고, 그 뒤로는 거대한 궁전이 자리하고 있었다. 궁전의 문이 활짝 열려 있어 나는 내부로 들어갔다. 하지만 곧바로 제복을 입은 하인이 정중하게 나를 돌려보냈다. 안에서 수업이 진행 중이라고 했다. 나는 멈춰 서서 귀를 기울였고, 그러자 위층의 큰 방들에서 말로 표현할 수 없을 정도로 초라하고 지루한, 어쩌면 무심하게까지 느껴지는 알파벳 읽기와 음절을 읽는 소리가 들려왔다. 암송하는 소리와 부끄러워서 주저하는 낭송 소리가 여러 학급에서 뒤섞여 마치 무덤에서 나오는 소리처럼 들렸다. 그때 다시 한번 내가 더는 아이가 아니라는 사실에 감사함을 느꼈다.

계속 걸어가다 보니 조용하고 작은 구석에 다다랐는데, 그곳은 그 모습과는 다른 웅장한 이름을 가지고 있었다. 테르치 광장Piazza Terzi은 한쪽이 높은 테라스 벽으로 이루어져 있었고, 그 거칠고 무거운 벽은 큰 벽감으로 아름답게 끊겨있었다. 그 안에는 실물보다 큰 여성상이 부드럽고 우아하게 서 있었는데, 농업과 곡물의 여신인 케레스Ceres 여신 같았다. 전체 위에는 마무리로 작은 장식용 갤러리가 있었고, 양쪽에는 풍요의 뿔과 곡식 단을 든 두 개의 아기 천사상이 있었다.

나는 그것에 매혹되어 잠시 멈추어 섰다. 이것은 이탈리아에서 본 최고의 조각이었고, 여행을 가치 있게 만드는 여러 놀라운 순간과 기쁨 중 하나였다. 내가 돌아섰을 때, 그 조각상 맞은편에 있는 궁전의 문이 열려 있는 것이 보였다. 높고 순수한 아치 아래로 식물과 매달린 등불이 있는 안뜰이 보였고, 그 뒤로는 꿈결 같은 우아한 난간과 공중에서 선명한 윤곽을 드러내는 두 개의 큰 조각상이 서 있었다. 좁은 벽 모퉁이 한가운데서 포강 평원 위 무한한 공간의 거리와 넓이를 연상시키는 모습이었다.

북이탈리아의 거대한 평원은 바다처럼 강력하고 끝이 없으며, 가까운 곳은 초록빛으로 빛나고, 먼 곳은 수백 가지 회색과 푸른빛을 띠며 점점 더 짙어졌으며, 수천 개의 작은 도시와 마을, 수도원, 농장, 탑, 별장들이 하얀 점으로 찍혀 있었고, 멀리서는 짙은 푸른색으로 끝없이 흐려졌다. 윌리엄 터너William Turner가 이런 장면들을 그려 내었고, 그것이 내가 어린 시절부터 상상해 오던 이탈리아의 모습이었다. 눈 덮인 산과 바위 절벽을 배경으로 정원과 별장이 계단식으로 내려오며, 풍요롭고 비옥하며 남쪽으로 내려갈수록 끝없이 푸른색이 짙어져, 푸르른 동화 같은 평원이 펼쳐진다. 하지만 이처럼 웅장하고 아름다운 모습을 실제로 본 적은 없었다.

아주 멀리, 이미 파란 하늘과 맞닿은 곳에서 햇빛에 비워 안개 속에서 작고 하얀 것이 떠오르는 것 같았다. 믿을 수 없을 정도로 멀고 비현실적이었다. 나는 눈을 의심하며 계속 그곳을 바라보았다. 재차 눈을 부릅떴지만, 그 방향이 맞았다. 그곳에 그런 크기의 다른 건물이 있을 리 없었다. 그것은 무한한 공간 속의 밝고 즐거운 한 점이었으며, 바로 하얀 밀라노 대성당이었다.

첫눈에 반하는 경험

코모, 1913년

늦은 오후의 날씨는 돌풍 섞인 맑음과 조용한 비 사이에서 변덕스러웠다. 쌀쌀한 바람이 불어왔고, 산에는 창백한 눈이 쌓여 있었다. 나는 코모Como에서 내렸는데, 이는 고트하르트 고개Passo del San Gottardo에서 이탈리아로 들어서는 길이 다른 곳보다 가장 아름다운 입구라고 생각했기 때문이다. 아직은 산과 가깝지만, 마음은 벌써 광활하고 조용한 평야를 예감하며 갈망할 수 있었다. 코모 마을은 전형적인 북부 이탈리아 스타일로, 깨끗하고 부유한 느낌에서 오는 친절과 환영을 경험할 수 있다.

루가노Lugano를 포함한 다른 유명한 호숫가 마을들과는 달리, 코모는 호수를 등지고 있다. 심지어 아름다운 작은 항구 광장에서도 잘 정돈된 풍경을 보여 준다. 배를 타도 가림막 좌석을 피해야겠다는 답답한 마음은 들지 않는다. 마치 티켓을 주머니에 넣고 그 광경을 아름답다고 여겨야 할 의무감 같은 것 말이다. 코모에서 유일하게 아쉬운 점은 브루나테Brunate가 있는 가파른 산인데, 대부분 과시적으로 뽐내고 있는 황량한 건물들과 '토르Tor'와 '페르넷 브랑카Fernet-Branca: 이탈리아 술'라고 적혀 있는 집채만 한 광고 문구들이다.

사람들은 산과 호수를 등지고, 오래된 아름다움 속에 그 어디도 박물관 같은 느낌을 주지 않는 이 활기찬 도시를 무해하게 거닌다. 이곳에서 외국인은 신기한 동물처럼 놀라운 취급을 당하거나, 투기의 대상으로 이용당하지 않고 친절한 환영을 받는다. 그리고 이곳 거리의 삶은 이탈리아의 매력을 지니고 있다. 노래하는 장인들이 야외에서 일하고, 발걸음이 가벼운 소녀들과 여성들이 거리를 마치 숲속의 새와 나비처럼 거닌다.

조용히 골목을 걷다가 항구의 텅 빈 광장에 도착했을 즈음엔, 날씨가 나에게 좋은 시간을 약속하는 것 같았다.

마침 작은 증기선이 출발 준비를 하며 신호를 울렸고, 나는 행선지가 어디인지도 모르는 채로 빠르게 선착장을 건너 증기선에 올랐다. 사실상 큰 항구에 불과한 코모의 소박한 분지를 떠나, 별장과 봄의 정원을 지나 더 큰 호수에 들어섰다. 작은 갑판 위로 바람이 차갑게 휘몰아쳤고, 몇 안 되는 승객은 기관실 근처로 모여들었다.

나는 이 호수를 진정으로 사랑할 수 없었다. 너무도 아름답게 빛나며, 그 풍요로움을 쉽게 드러내는 곳이기 때문이다. 이 호수는 호수가 가질 수 있는 가장 아름다운 것, 즉 고요하고 쾌적하게 펼쳐진 물가가 없다. 산들은 압도적으로 높고 무자비하게 가파르다. 위쪽은 황량한 민둥산이지만, 아래쪽은 마을과 정원, 여름 별장과 여관으로 과도하게 덮여 있었다. 모든 것이 장엄하고 휘황찬란한 현실이었고, 화려함과 풍요로움으로 빛나고 있었다. 어디에도 꿈과 예감을 위한 공간, 가령 갈대가 우거진 습지나 조용히 잠들어 있는 버드나무 숲, 촉촉한 초원이나 유혹적인 수풀은 어디에도 없었다. 그런데도 충만한 아름다움이 나를 강하게 끌어당기고 매혹했다.

절벽에 가파르게 매달린 마을의 낭만적인 풍경, 정원과 공원, 보트 정박장이 있는 귀족적인 별장들의 자신감 넘치는 힘, 농장과 건축물, 이웃 간의 친밀함 같은 것들이 마음을 사로잡았다. 마을 중 하나인 토르노Torno라는 곳은 너무도 세련되고 독특한 곳에 자리 잡고 있어서 하마터면 그곳에 내릴 뻔했다.

배는 좁은 만의 물가를 따라가고 있었고, 어린 너도밤나무의 옅은 녹색잎 뒤로 길고 조용한 폭포가 마술처럼 흐르고 있었다. 안개같이 흐르는 그 풍경은 마치 이곳에서 결코 그것을 찾을 수 없을 것처럼 여겨졌다. 마을 자체는 작고 완만하게 언덕에 자리 잡고 있었고, 호수를 향해 매력적이고 조화로운 전경을 보여 주었다. 넓고 편평한 돌계단이 있는 선착장과 빨래터, 그 아래 묶여 있는 보트들, 아치형 문과 작은 발코니가 있는 푸른 덩굴이 우거진 집, 조용하고 밝은 광장, 그 뒤로 성당의 외관과 탑, 어린 나무가 심어진 부드러운 반원형 항구 벽이 있었다. 이 장면은 완벽하고 균형 잡힌 그림 그 자체였으며, 너무도 사랑스럽게 여겨져 그 모습을 방해하고 싶지 않았다. 그래서 나는 자리에 머물며 이 작은 보석이 지나가는 모습을 점점 작아져 하나의 점으로 보이는 순간까지 지켜보았다. 그리고는 감사의 인사로 고개를 끄덕이며 가볍게 작별했다. '첫눈에 반하는' 경험은 풍경보다 회화나, 특히 건축물에서 더 자주 경험했다.

몰트라시오Moltrasio에서 호수 건너편에 배가 멈췄고, 나는 배가 이곳에서 1시간 머물다 코모로 돌아간다는 것을 알게 되었다. 그래서 배에서 내려 기분 좋게 이국적인 기분을 만끽하며 마을로 걸어 들어갔다. 매끄럽고 고요한 외관에는 닫힌 창문에 덧문이 있어 인상적으로 느껴졌다. 그 조용하고 큰 저택 외에는 특별히 눈길을 끄는 것이 없었다. 나는 저택 정문의 높은 철장 앞에 서서 엄격하게 대칭을 이루고 차분하게 솟아 있는 정원을 바라보았다. 거기에는 작은 타원형 연못 위로 동백꽃이 피어 있고, 잔디에는 파란 별꽃들이 피어 있었으며, 넓고 품위 있는 공원 길이 이어졌다.

그 후 나는 마을을 지나 산으로 향하는 첫 번째 오솔길을 따라 걸었다. 그 길은 수없이 많은 돌계단을 지나 끝이 보이지 않는 높은 돌담을 따라 이어졌고, 담 너머로 키가 큰 사이프러스들이 작은 테라스를 따라 엄격하고 규칙적으로 자라고 있었다. 집들이 나타나고 떨어지는 물소리가 들리고, 근처 골목길에서는 사람들의 어둡고 혼란스러운 소리가 들려왔다. 길은 좁고 어두워지는 지붕 아래를 지나 작은 성당 앞마당으로 이어졌다. 성당 안으로 들어갔지만, 그곳은 비어 있었다. 나는 선명한 색상의 프레스코화가 있는 성가대석 앞에 잠시 머물렀다. 그러고는 돌아서서 아치형 화랑을 따라 걸었고, 갑작스럽게 작은 다리를 만나게 되었다. 살짝 휜 작은 다리에 서자, 머리 위로 가파른 물줄기가 거품을 일으키며 흘러내렸고, 아래로는 이 물줄기가 현수교를 지나 이끼 낀 벽과 푸른 정원 울타리 사이로 세세한 폭포를 이루며 계곡으로 흘러갔다. 소녀들이 머리에 구리 주전자를 이고 물을 날랐고, 그들은 다리 하나를 균형 있게 건너며 좁은 골목의 축축한 어둠 속으로 사라졌다.

나는 계속해서 높은 곳으로 걸어갔다. 갓 심어진 채소밭 사이를 지나 여기저기 깊은 곳과 호수의 광활함이 펼쳐지는 경치를 바라보았다. 문득 시간을 확인하니, 1시간이다 되었기에 선착장으로 향하는 길을 찾기 시작했다. 그때 우연히 키가 큰 사이프러스 사이로 난 풀밭 길이 눈에 들어왔다. 위아래로 큰 정원의 녹색 담장이 있었고, 그 옆에는 회색으로 바랜 무너져 가는 종탑이 있었는데, 이 모든 게 조용하고 서늘한 동화처럼 잠들어 있는 모습이었다.

검게 드리운 창문 같은 구멍이 눈에 들어와, 그곳으로 가까이 다가갔다. 그곳에는 오래된 석조물에 깊고 어두운 틈새가 철창으로 막혀 있었다. 그 너머 차가운 어스름 속에서는 무언가 희미하고 기이한 빛을 내며 흐릿하게 비쳤다. 가까이 들여다보니 그곳에는 기억과 경고를 위해 세워진 해골들의 거대한 피라미드가 있었다. 이 광경이 낯설게 느껴지지는 않았다. 오스트리아와 알자스에서 이런 해골 피라미드를 여러 번 본 적이 있었고, 그때마다 이러한 것에 큰 감흥을 느끼지 못했다. 하지만, 이 해골 피라미드는 나를 매료시켰고, 이는 결코 잊을 수 없는 기억으로 남아 있다. 왜냐하면 검고 어두운 철장은 뻣뻣한 질서 속에서 덧없음의 흔적들로 남겨져 있지 않고, 아이들 손에 의해 싱그럽고 밝은 핏빛 동백꽃이 온통 뒤덮여 있었기 때문이다.

내 기억 속에는 호수 여행과 호숫가의 화려함, 폭포와 평화롭게 채색된 성당의 성가대석보다 이 해골 철창에 있던 밝고 어린아이 같은 꽃놀이가 훨씬 더 강렬하게 새겨졌다.

흐르는 빗속에서 마주한 충동

크레모나, 1913년

다시 한번 나는 산에서 이탈리아 평원을 향해 내려갔다. 흰 눈이 가까운 곳에서 옥수수밭의 짙은 푸른 안개 속으로, 지나치게 밝은 산과 계곡의 맑음에서 고요하고 따듯한 푸른 포강 지역의 무한함으로 들어선다. 내가 며칠 동안 원치 않게 더 머물렀던 베르가모의 여관의 주인이 크레모나행 기차를 찾아 주었는데, 그곳까지는 여기서 채 두 시간도 걸리지 않았다. 기차는 거대한 뇌운雷雲 아래를 지나, 언덕을 넘어 거대하고 밝은 초록빛 평원으로 향했다. 모든 게 순조로워 보였다. 기차는 정시에 출발했고, 경쾌하고 빠른 속도로 달리고 있었다.

출발한 지 30분 뒤에는 이미 트레빌리오Treviglio에 도착했는데, 그곳에서 많은 사람이 기차에서 내리는 것이 이상하게 느껴졌다. 나는 혼자 객차에 남아 이곳을 단순히 통과하는 여행객의 편안한 우월감으로 그 소란을 바라보고 있었는데, 그때 차장이 나를 부르며 나 역시 내려야 한다고 말했다. 알고 보니 이곳은 기차의 종착지로, 크레모나로 가려면 3시간 반을 기다려야 한다는 것이다. 나는 가방을 챙겨 나와 역에 맡겼다. 나는 이 교차점을 의심스럽게 여겼는데, 일전에도 비슷한 정거장에서 안 좋은 경험을 했기 때문이다.

나는 움브리아주에 있는 도시 폴리뇨 근처의 포사토 디 비코Fossato di Vico에서 내렸는데, 특급 열차조차 정차하고 기다려야 하는 그런 중요한 교통의 요지에 자리한 곳이니, 분명 『베데커』 여행 안내서에는 나와 있지 않지만, 훌륭하고 오래된 편안한 도시가 있을 거로 생각했다. 그리고 아마도 에트루리아 유물을 볼 수 있는 작은 시청이 있을 거로 생각했다. 하지만 시청은 찾을 수 없었다. 당연했다. 아예 도시 자체가 없었기 때문이다. 나는 외딴 기차역에서 쓸쓸히 오후를 보내야 했다. 이 생각이 불현듯 떠올랐을 때, 나는 작은 마을을 향해 천천히 걸어가며 역과 멀어졌다.

햇볕이 뜨겁게 내리쬐는 먼지 낀 길을 따라 별로 기대할 것 없어 보이는 작고 초라한 건물을 지나갔다. 하지만 실제로 작은 마을이 있었고, 그곳은 조용한 잠에 취한 듯했다. 아름다운 산 마티노 에 산타 마리아 아순타 성당Basilica di San Martino e Santa Maria Assunta이 보였는데, 문 앞에는 고딕 시대의 매력적인 성 마르티노가 벽에 그려져 있었다. 엽서 가게에는 한 노부인이 있었다. 그녀는 젊었을 때 취리히에서 며칠 지낸 적이 있다는 이야기를 들려주었는데, 아직도 스위스, 독일 단어 세 개를 기억하고 있었다. 내가 그녀의 말을 이해하고 대답하며 취리히의 그 후 발전에 대해 들려주자, 그녀는 무척이나 기뻐했다.

1시간이 지나고 나는 조용한 광장으로 가서 햇빛 아래 작은 테이블에 앉아 커피를 주문했다. 그곳에 앉아 담배를 피우며 작은 시골 마을의 일상을 지켜보았다. 누군가의 장례식이 있었고, 흰 띠를 두른 아이들이 촛불을 들고 있었다. 높은 탑에서는 약간 음정이 맞지 않는 오래된 종소리가 울려 퍼졌다. 그 후 다시 조용해졌다가, 문득 지나가는 자동차 한 대가 광장에 멈춰 섰다. 그러자 이내 활기가 다시 돌았다. 운전사가 기름을 채우는 동안 아이들이 몰려들어 둔탁한 경적 소리를 울렸다. 그것마저 지나가고 나자, 광장은 다시 조용한 침묵에 휩싸였다.

나는 반쯤 잠들어 있었는데, 그때 새로운 아이들 무리가 나를 깨웠다. 학교가 끝났는지 맨발의 아이들이 달려와 광장을 활기찬 생동감으로 채웠으며, 성당 앞 경계석 위에서 체조를 했다. 다시 1시간이 지나갔고, 나는 카페를 떠나 기차역으로 돌아가는 길을 찾았다. 모퉁이 창문의 턱에는 깨진 화분에 담긴 히아신스 네 그루가 만개해 있었다. 나는 그 꽃들을 올려 보았다. 지하실처럼 그늘진 골목에서 꽃들은 밀랍처럼 빛나고 있었다. 꽃 뒤로는 두 명의 젊은 여인이 앉아 바느질하고 있었다. 그중 한 명은 나를 보지 않는 척하고 있었다. 하지만 내가 열 걸음쯤 가다가 다시 돌아서서 그들을 올려다보자, 그녀는 웃기 시작하며 자매와 재미있는 대화를 나누기 시작했다. 이방인인 나를 흘끗거리며 보면서 크게 웃음을 터뜨렸다. 안타깝게도 나는 가야만 했다. 꽃으로 가득한 창문과 그 뒤에 있는 소녀, 그리고 함께 있는 자매 때문에 트레빌리오에 더 머물 수는 없었다.

역에서 좋은 와인을 마시자, 트레빌리오가 또다시 마음에 들었다. 그때 기차가 도착했고, 나를 태워 남쪽으로 향했다. 낮게 드리운 구름과 어두워진 땅을 지나자, 바퀴 소리 사이로 천둥소리가 들렸고, 곧 비가 비스듬히 쏟아지기 시작했다. 그 뒤로 비와 구름 사이에 좁고 창백한 하늘이 수줍은 파란색으로 희망차게 남아 있었다. 비가 조용하게 흐르기 시작하자, 그 창백한 하늘 창문에서 저녁 빛이 새어 나와 끝없이 펼쳐진 평야로 흩어졌다. 그 평야의 붉은 갈색 밭에서는 비옥함이 향기로 가득했다.

크레모나에 도착했을 때는 거의 밤이었고, 숙소가 있는 도시의 반대편까지 우산을 쓰고 가는 길은 꽤 멀었다. 그곳은 이탈리아의 작은 상인들과 시골에서 온 신부들이 주로 머무는 곳 중 하나였고, 베르가모에서 추천받은 곳이었다. 먼 길에 지쳐 거의 포기할 뻔했지만, 이미 젖은 상태였고 끝까지 간 것이 후회되지는 않았다. 숙소는 훌륭했다. 그곳에서 채소 수프와 가르다호수에서 잡은 송어를 즐기자, 여행의 좋은 기분에 휩싸이며 비가 오는데도 불구하고 밤의 도시를 둘러보기로 했다.

얼마 가지 않아 비 내리는 조용한 광장이 나를 맞이했다. 그곳에는 아름다운 아케이드가 있었고, 나는 우산을 접고, 만족스러운 마음으로 아치 아래를 걸었다. 좁은 골목을 건너자, 어둠 속에서 몇 개의 거대한 돌계단을 만날 수 있었다. 흥분과 기대에 차 거대한 건물로 들어섰다. 높은 천장 아래를 지나 안뜰로 갔다가 다시 어두운 아치형 통로로 걸어갔다. 거대한 기둥들이 바깥의 비에 젖은 광장에 반사되고 있었다.

놀란 마음에 밖으로 나와 올려다보니 대성당 광장이 눈앞으로 펼쳐졌다. 매우 아름답고 대담한 건축적 광경이었다. 작은 광장 위로 대성당의 파사드가 창백한 빛으로 장엄하게 솟아 있었고, 놀랍도록 균형 잡히고 자족하는 듯한 모습이었다. 큰 문 위에는 희미한 조각들과 거대한 장미창이 있었고, 그 옆으로는 가볍고 우아한 두 줄의 작은 원형 아치가 가느다란 기둥 위에 놓여 있었다. 지붕을 따라 이어지는 선에는 두 개의 거대하고 비어 있는 대담한 소용돌이 장식이 있었다. 이 모두가 한꺼번에 눈으로 들어왔고, 음악처럼 절묘한 조화를 이루고 있었다. 그리고 옆으로는 믿을 수 없을 정도로 높고 환상적인 탑이 자랑스럽고 무서울 정도로 솟아 있었고, 꼭대기에는 작은 회색 기둥 갤러리가 밤하늘로 사라져갔다.

나는 흐르는 빗속에 멈추어 서서 이 놀라운 광경을 마음속으로 빨아들였다. 이 건물의 웅장함과 무모할 정도의 대담함에 행복감과 충격을 느꼈다. 의심할 여지 없이, 이 거대한 소용돌이 장식은 건물의 하부 구조보다 나중에 생겼을 것이다. 그것들은 르네상스 전성기에 장난스러운 대담함으로 위에 놓였을 것이다. 비록 옛 로마네스크 양식의 건물과는 다른 시대, 완전히 다른 세계에서 온 것이지만, 마치 원래부터 그 자리에 있어야 했던 것처럼 확신에 찬 모습으로 자리 잡고 있었다. 이 동화 같은 광장의 모든 것이 그러했다. 대담하고, 거대하고, 매우 모험적으로 보였지만, 그럼에도 아름답고 의미와 균형으로 가득 차 있었다.

처음에는 거의 두려울 정도였던 인상은 점점 부드럽고 차분해졌고, 모든 놀라움이 사라진 후에도 순수하고 기쁜 울림이 내 안에 남아 있었다. 내일 이 모든 풍경을 조용한 여유를 가지고 낮 동안 바라볼 수 있다니, 얼마나 좋을 것인가. 어쩌면 더 많은 예상치 못한 아름다움을 만날 수도 있다.

숙소로 돌아와 나는 오랫동안 침대에 앉아 있었다. 대성당 광장의 순수한 음악이 내 안에서 울려 퍼졌고, 그 사이사이로 떠오르는 기억의 이미지들이 베르가모의 건물, 정원, 사람, 기차 여행 중의 넓은 평원, 트레빌리오의 햇살 가득한 돌 광장을 보여 주었다. 불과 몇 시간 전에 본 모든 것이 이상하리만치 먼 과거처럼 느껴졌다.

나는 다시 한번 생각해 보았다. 우리를 여행으로, 특히나 예술 여행으로 이끄는 것은 도대체 무엇일까. 우리는 왜 해마다 수백 마일을 이곳저곳으로 여행하며, 더 풍요로운 시대의 건축물과 그림 앞에서 기쁜 마음으로 서 있고, 우리와 아무 상관 없는 이방인의 삶을 호기심 어린 눈으로 만족스럽게 바라보는 걸까. 왜 우리는 기차와 배에서 낯선 사람과 이야기를 나누고, 외국 대도시 거리의 풍경을 홀로 관찰하는 걸까. 한때 나는 이것이 일종의 배움에 대한 열망과 교양을 쌓으려는 욕구라고 생각했다.

그 당시 나는 오래된 성당의 프레스코화에 대해 노트를 가득 채웠고, 식비를 아껴 모은 돈으로 고대 조각상의 사진을 샀다. 그러다가 이에 지쳐 풍경과 이국적인 민속 문화만이 나의 관심을 끄는, 더 가난한 나라로의 여행을 선호하게 되었다. 그때는 이 수수께끼 같은 여행 충동이 일종의 모험심으로 여겨졌다. 하지만 정확히 말하자면, 여행 중에 겪는 일은 모험이라고 할 수 없다. 물론 잘못 배송된 가방, 도난당한 외투, 뱀이 있는 방, 모기가 들끓는 침대 등을 모험으로 본다면 모를까.

아니다, 이것도 정답이 아니다. 지금은 교양에 대한 갈증이 거의 남아 있지 않고, 도시 전체와 성당들, 큰 박물관들은 그냥 지나치더라도 개의치 않는다. 그러나 내가 우연히 발견하고 만나는 것들은 그 어느 때보다도 더 집중적으로, 더 섬세하게 즐기고 있다. 여행의 모험성에 대한 믿음도 이제는 사라졌지만, 15년 전이나 10년 전, 혹은 5년 전보다 결코 더 적게 여행하거나 혹은 줄어든 열정을 가지고 있지는 않다.

내게 여행을 떠나는 것은 단순히 우리가 더 지적으로

변모하거나, 흐릿하게 경험하는 삶의 일부를 대체하는 것만은 아닌 것 같다. 특히나 이는 순수한 미적 충동의 발현을 대체한다. 이 충동을 우리 민족에게선 거의 사라졌지만, 그리스인들과 독일인들, 그리고 위대한 시대의 이탈리아인들은 가지고 있고, 아시아 어디에서나 여전히 찾아볼 수 있다. 예를 들어 일본에서는 목판화, 나무, 바위, 정원, 한 송이의 꽃을 바라보는 것만으로도 우리에게는 드물고 미약하게 발달한 감각의 훈련과 성숙, 감식력을 즐기게 해 준다. 어떠한 목적이나 의도에도 흐려지지 않는 순수한 관찰, 즉 눈과 귀, 코, 촉각이 스스로 충분해지는 이러한 훈련. 이것이 바로 우리 중 더 섬세한 사람들이 깊이 그리워하는 낙원이다.

여행 중에 우리는 이를 가장 잘, 가장 순수하게 추구할 수 있다. 미적으로 훈련된 사람이 언제든 불러일으킬 수 있어야 할 집중력을, 우리 같은 가난한 사람들은 최소한 이런 구속에서 벗어난 날들과 시간 동안에는 얻을 수 있다. 이때는 고향과 일상의 어떤 걱정이나 업무도 우리를 따라올 수 없다.

이런 여행의 기분 속에서 우리는 집에서는 거의 할 수

없는 일을 할 수 있게 된다. 몇 점의 훌륭한 그림 앞에서 아무런 목적 없이 조용하게 감사하며 시간을 보낼 수 있고, 건축물의 조화로운 울림에 매료되어 열린 마음으로 귀 기울일 수 있으며, 풍경의 선을 깊이 있고 즐겁게 따라갈 수 있다. 그때 우리의 욕망, 관계, 소망, 걱정의 흐릿한 형체는 도리어 우리에게 그림이 된다. 거리와 시장의 삶, 물과 땅 위의 햇빛과 그림자의 유희, 나무 꼭대기의 형태, 동물의 울음소리와 움직임, 사람들의 걸음걸이와 행동 등이 말이다. 여행하는 동안 내면에서 이것을, 즉 목적 지향적인 삶으로부터의 해방을 찾지 않는 사람은 공허하게 돌아올 것이며, 기껏해야 교양의 지루만 약간 채우고 돌아올 뿐이다.

하지만 이 순수한 관찰과 이타적 수용을 향한 미적 충동에는 더 넓고 높은 연관성이 있지 않을까. 이는 단순히 어두운 쾌락에 대한 갈망일 뿐일까. 단지 무시된 힘과 욕구, 숨겨진 배고픔과 숨겨진 에로티시즘, 숨겨진 분노, 숨겨진 약점에 대한 복수와 경고의 고통일 뿐일까. 그런데도 왜 만테냐의 작품을 보는 것이 아름다운 도마뱀을 보는 것보다 더 많은 것을 나에게 주는 것일까. 왜 나에게는 지오토나 루카 시뇨렐리Luca Signorelli가 그린 작품이 있는 예배당에서 보내는 1시간이, 해변에서 보내는 1시간보다 더 소중할까. 근본적으로 우리가 찾고 갈망하는 것은 어디에서나 인간적인 것이다.

나는 아름다운 산을 볼 때, 우연한 현실을 즐기는 것이 아니라 나 자신을 확인한다. 내가 보는 능력과 선을 느끼는 능력을 즐긴다. 아름답고 낯선 풍경 속에서 나는 결코 문화로부터 도망치는 것이 아니라, 오히려 풍경을 통해 내 감각과 생각을 시험하며 문화를 연습하고 사랑하며 즐긴다. 그래서 나는 항상 감사하며 기꺼이 예술로 돌아간다. 그래서 대담한 건축물, 아름답게 그려진 벽, 훌륭한 음악, 가치 있는 그림이 결국 정복되지 않은 자연을 관찰하는 것보다 더 큰 즐거움, 모호한 탐색에 대한 더 큰 만족을 준다.

나는 이 미적 충동이 추구하는 것이 우리 자신으로부터의 해방이 아니라, 단지 우리의 나쁜 본능과 습관으로부터의 해방이며, 우리 안에 잠재되어 있는 최선의 것에 대한 확신, 인간 정신에 대한 우리의 비밀스러운 믿음의 확신이라고 생각한다. 바다에서의 편안한 해수욕, 즐거운 공놀이, 용감한 눈 속 산행이 내 육체적 자아를 확인시키고, 그

최선의 욕망과 예감을 인정하며, 그 욕구에 건강함으로 응답하듯이, 순수한 관찰에서는 인간 문화의 거대한 보물, 정신적 업적이 인류 전체에 요구하는 믿음에 응답한다. 티치아노의 그림이 내 예감을 실현하고, 내 안의 충동을 확인하고, 꿈을 정당화하지 않는다면, 내가 티치아노의 그림을 즐기는 이유는 무엇이란 말인가.

내 생각에 우리는 여행을 통해 낯선 것을 경험하고, 인류의 이상을 가장 깊은 곳에서 찾는 사람들이다. 미켈란젤로의 조각, 모차르트의 음악, 토스카나의 대성당이나 그리스 신전이 우리의 존재를 깨닫고 심화하게 만든다. 우리는 이러한 인간 문화의 의미, 깊은 통일성, 그리고 불멸성에 대한 갈망을 여행 중에 특별히 깊게 느낀다. 비록 우리가 그것을 인식하지 못하는 순간조차도 말이다.

나는 오랫동안 앉아 생각에 잠겼다. 그 생각은 어린 시절부터 이어져 온 수많은 여행의 기억들과 함께 흘러갔다. 그리고 나는 깨달았다. 시간이 아무리 많은 것을 앗아가고, 우리가 아무리 나이 들어 지치고 약해진다 해도, 여행을 통해 얻는 그 경험은 결코 그 빛을 잃지 않으리라. 10년, 20년 후에 내가 지금과 다른 관점과 다른 경험, 다른 삶의 감각으로 세상을 여행하더라도, 그 경험은 결국 오늘날과 같은 의미를 지닐 것이다. 그리고 모든 나라와 민족의 다양성, 대조를 넘어, 인류 전체가 공유하는 공통된 본질이 있음을 깨닫게 될 것이다. 이 깨달음은 시간이 지날수록 더 분명한 의미로 선명하게 다가올 것이다.

이제 떠날 때가 되었다

1936년

세계 대전 이전에 나는 몇 년 동안 매년 봄이 오면 이탈리아로 짧게 여행가는 습관이 있었다. 여러 번의 여행 중 대부분은 북부 이탈리아나 토스카나의 작은 도시로 갔었다. 그 여행 중 몇 차례는 작곡가 오트마르 쇠크Othmar Schoeck와 함께했다. 쇠크와 나 외에도 화가 프리츠 비드만Fritz Widmann이 함께했는데, 한 번은 베르가모의 오래된 도시 치타 알타에서 며칠을 보냈고, 저녁이면 한때 음악가였던 주인이 운영하는 작고 허름한 카페에 앉아 있곤 했다.

어두침침한 술집에는 오래되어 낡고 망가진 테이블 피아노가 있었다. 소리는 가늘고 희미했으며, 줄은 여기저기 끊어져 있었고, 음도 많이 틀어져 있었다. 이 피아노로 쇠크는 우리에게 오페라 일부와 전곡을 연주해 주었고, 주인 가족은 그의 연주에 매혹되어 귀 기울여 들었다. 한번은 우리의 여행 동료 비드만도 이 악기를 시도하려고 했다. 그는 피아노 앞에 앉아 용감하게 건반을 눌렀지만, 깜짝 놀라 곧바로 다시 일어났다. 나도 몇 음을 쳐보았지만, 이 폐허에서 어떠한 소리를 내는 것은 완전히 불가능했다. 그런데도 쇠크는 우리에게 그 피아노로 음악을 들려주는 데 성공했다. 그는 그 물건에 마법을 걸었고, 거장의 영혼을 소환했다. 그의 손 아래에서 그 충실하고 오래된 상자는 다시 피아노가 되어 로시니Gioacchino Antonio Rossini와 베르디의 곡을 연주했고, 심지어 그 피아노의 옛 주인인 전직 음악가마저 놀라게 하고 매혹시켰다. 이것은 쇠크의 강력한 암시적 능력을 보여 주는 일화 중 하나였다. 그가 낡은 피아노에 마법을 걸었든, 아니면 청중에게 마법을 걸었든, 어쨌든 그 마법은 성공적이었다.

또 다른 여행에서, 그때는 작곡가 프리츠 브룬Fritz Brun도 함께였는데, 이때도 우리는 쇠크가 또 다른 기계를 성공적으로 마법에 걸리게 하는 것을 보았다. 그때 우리는 오르비에토에 있었다. 우리는 대성당과 시뇨렐리의 작품을 보고, 작은 도시를 거닐며, 산 파트리치오 우물Pozzo di San Patrizio의 깊은 곳까지 내려갔다가, 광장에 있는 카페에서 쉬고 싶었다. 거기에는 일종의 기계식 도박 게임기가 있었다.

이 자동 기계는 20라펜 동전을 넣을 수 있는 작은 구멍이 있었다. 어느 구멍을 선택하느냐에 따라 운이 좋으면 20라펜 동전 하나로 두 개, 다섯 개, 열 개, 심지어 스무 개나 사십 개의 동전을 받을 수 있었다. 물론 높은 숫자는 그만큼 드물게 나왔고, 거기 있던 단골들은 자신 중 몇몇이 다섯 개를, 때로는 열 개나 아주 가끔 스무 개도 딴 적이 있다고 우리에게 말했다. 물론 스무 개에 베팅하는 것은 매우 위험한 일이었다. 그들은 사십 개가 한 번 나온 적은 있지만, 이성적인 사람이라면 당연히 이 숫자에 베팅하지 않는다고 말했다.

우리는 점차 흥미를 갖기 시작했고, 와인을 마시다 일어나 기계를 살펴보기 작했다. 결국 2, 3프랑을 바꿔 기계에 20라펜 동전을 넣었다. 기계는 순순히 동전을 삼켰고, 한 번은 두 개나 다섯 개를 토해내기도 했다.

그때 쇠크가 도박을 하려면 전부를 걸어야 한다고 선언

하며 사십 개에 베팅하고 동전을 넣어 레버를 당겼다. 기계가 격렬하게 으르렁거렸고, 아래에 있는 조개 모양의 동전 받침대로, 그리고 그 너머 카페 바닥으로 동전 폭포가 쏟아졌다. 사십 개였다.

주인이 벌떡 일어났고, 손님들의 눈이 휘둥그레졌으며, 쇠크는 양손으로 동전 폭포를 주워 주머니에 넣었다. 우리는 크게 웃으며 그를 축하하고, 와인 한 잔을 더 마셨다. 카페를 떠나기 전, 그는 장난삼아 다시 한번 동전을 넣고, 사십 개에 베팅했다. 그러자 기계는 요란한 소리와 함께 다시 사십 개의 동전을 토해냈다. 우리는 다음 날 오전 다시 그곳을 찾았고, 쇠크는 이성적인 사람이라면 하지 않을 짓을 세 번째로 했고, 또다시 사십 개의 동전을 땄다. 이제 떠날 때가 되었다. 단골과 이웃들이 불안해하고 있었다. 역으로 가는 길에서도 한 남자가 거리에서 정중하게 내 팔을 잡고 앞서가는 쇠크를 가리키며 속삭였다.

"저기 가는 사람, 저 금발의 젊은이가 세 번이나 동전 사십 개를 땄다는 그 사람인가요?"

무해한 산책

사유하는 방랑자 헤르만 헤세의 여행 철학

초판 1쇄 인쇄 2024년 9월 19일
초판 1쇄 발행 2024년 10월 5일

지은이 헤르만 헤세
편역자 김원형

펴낸이 이준경
책임 편집 김현비
책임 디자인 정미정
펴낸곳 지콜론북

출판등록 2011년 1월 6일 제406-2011-000003호
주소 경기도 파주시 문발로 242 3층
전화 031-955-4955
팩스 031-955-4959
홈페이지 www.gcolon.co.kr
인스타그램 @g_colonbook

ISBN 979-11-91059-57-1 03190
값 17,500원

이 책은 저작권법에 의해 보호를 받는 저작물이므로 무단 전재와 복제를 금합니다.
또한 이미지의 저작권은 작가에게 있음을 알려드립니다.
The copyright for every artwork contained in this publication belongs to artist. All rights reserved.

잘못된 책은 구입한 곳에서 교환해 드립니다.
지콜론북은 예술과 문화, 일상의 소통을 꿈꾸는 ㈜영진미디어의 출판 브랜드입니다.